「トヨタ生産方式」に学ぶ
現場改善と損益管理

増 守人 著

東京図書出版

まえがき

　私は、企業に勤務する傍らトヨタ生産方式をベースにした新生産方式を研究するグループ（NPS研究会）に入会して、永年に亘って製造現場改善の特訓を受け、その訓練内容を自社に持ち帰って実際の製造現場で改善の推進展開をする活動をしてきました。
　その結果、企業の業績は見違えるほどに、急速に好転しました。
　しかし、実践した現場改善すべてが業績に寄与したのかどうかは自信がなく、またある程度会社が成熟してくると現場改善も段々難しくなってきました。

　そこで、どのような改善をすれば決算書のどの数字が変わっていくのかを研究したく、各種書籍を探しましたが見つかりませんでした。
　世の中には「決算書の解説書」や「製造現場改善の手引書」などの書籍は、数多く出版されていますが、それらを相互的に関連付けた書籍は非常に少ないことが分かりました。
　いわゆる、製造現場の改善結果が決算書の製造原価報告書や損益計算書を通して、利益にどのように反映されているのか、更に利益を確保していくためには今後どのような現場改善が必要なのかを数字上で結びつけて解説している書籍が極端に少ないのです。

　従来、現場改善とは「原価低減活動」であると言われてきました。
　たしかに企業にとって「原価」を下げることは、販売単価と販売数量が同じであるならばストレートに利益額を増加させることになりますが、これは仕事量がある場合の論理であり、仕事量が少なくなればなるほど利益を確保することが困難になってきます。

かつての高度経済成長時代の右肩上がりの市場では、需要力が供給力を上回っていたので仕事量は十分に有り、現場改善をして「原価」を下げれば容易に利益を増やすことが出来ました。
　しかし、低成長時代に入った現代市場においては、需要力が供給力を下回ってきておりますので、今までと同じ感覚で「現場改善＝原価低減活動」の構図だけでは中々利益を増やすことが出来ません。
　同じ現場改善でも「売上高」の確保に結びついたものでなければ利益を増やすことは難しくなってきたと感じるようになりました。

　そのような時、たまたまふと立ち寄った書店で一冊の本を見つけました。
　米国の経営学者ピーター・F・ドラッカー著『現代の経営』であります。
　その本の中の一節を読んで目から鱗が落ちる思いがしました。
　それは、

> 　企業の利益とは目的であってはならない。結果である。
> 　目的はただ一つ「顧客を創造すること」である。
> 　事業の成功にとって重要なのは事業家の価値判断ではなく、むしろ顧客の価値判断である。
> 　つまり顧客にとって値打ちがあると思うこと、それが決定的な重要性を持っているのである。

という内容でした。
　その後、私は企業を定年退社し、製造現場の改善指導を主とした「経営コンサルタント業」を立ち上げました。

そのコンサルタント業務を通して「顧客創造に目線を置いた現場改善は如何にあるべきか」と「現場改善の結果と損益との関係」について研究しました。

　その結果、顧客創造に目線を置いた改善手法については、トヨタ生産方式をベースに確立しました。
　そして、現場改善の結果と損益との関係については、前期に比較して当期は現場改善によって成長したのか、それとも後退したのかを、管理会計による変動損益計算書の限界利益の差を分析することで検証する方法を考案しました。

　本書では、利益を生み出す改善実務書として活用して頂けることを想定して、「顧客創造」に向けた現場改善について詳しく解説し、その改善効果を損益面で検証する方法論について述べました。

　そして、最後にそれらの運用管理についてもまとめました。

　尚、執筆に当たり、より分かり易くするために図表、計算式を多く取り入れるようにつとめました。

　本書の概略は次のとおりです。

　　第1章では事業目的の原点に立って利益とは何か、現場改善の真の目的は何か、現場改善に取り組む企業の姿勢はどうあるべきか、など現場改善導入に当たっての基本的な考え方を述べました。
　　第2章では顧客創造に目線を置いた現場改善とはどのようなもので、その改善の進め方はどうすればよいのかを、トヨタ

生産方式をベースに、より多くのページを割いて詳しく解説しました。

第3章では実践した現場改善の効果が損益にどのように反映されたかを検証するために、変動損益計算書の作成方法から入って、その検証方法までを詳しく解説しました。

第4章では現場改善をベースに考えた、Plan（計画）Do（実行）See（照合・検証）のマネージメントのサイクルを回すPDS管理について、ケーススタディー方式で解説しました。

最後に、製造業に携わる多くの皆さんに本書を活用していただき、顧客創造を通して利益確保に少しでもお役に立てたら幸いです。

2018年12月

塙　守人（はなわ）

目　次

まえがき I

第1章　現場改善導入に当たっての基本的な考え方 11

1．現場改善の目的 13
2．現場改善に対する経営階層の役割 21
1　社長の役割 21
2　管理監督者の役割 23
3　改善推進部門の役割 27

第2章　顧客創造に目線を置いた現場改善の進め方 35

1．章のはじめに 37
2．「製品のリードタイム短縮改善」の進め方 41
1　製品のリードタイムとは 41
2　「段取り替え改善」の進め方 44
　　(1)「金型の取り替え作業の時間短縮」改善について 45
　　(2)「品種の切り替え作業の時間短縮」改善について 48
3　「流れるように造る生産システム」の構築の仕方 49
　　(1)「平準化」について 51
　　(2)「順序生産」について 54

(3) 順序生産における「製品を流す一の単位の平準化策」 61
　　　(4) 順序生産における「工程管理のあり方」 65
　　　(5) 「ジャスト・イン・タイム」とは 74
　　　(6) 「後工程引取り方式」(ジャスト・イン・タイムのしくみ) 75
　　　(7) 「かんばん方式」(ジャスト・イン・タイムのしくみ) 79

3. 「製品の品質向上改善」の進め方 89
　① 「製品の品質は工程で造り込む」 89
　　　(1) 標準作業の設定 90
　　　(2) 現場の管理監督者の品質役割 93
　　　(3) 検査員の品質役割 96
　　　(4) 品質とタクトタイムとの関係 98
　② 「品質不良を未然に防止する」しくみ 100
　　　(1) セット供給のしくみ 100
　　　(2) ポカヨケのしくみ 102
　③ 「目で見る管理」のしくみ 104
　　　(1) 定位置停止装置 106
　　　(2) アンドン 107
　　　(3) AB制御 110
　　　(4) 生産管理板 111

4. 「製品の原価低減改善」の進め方 114
　① 「原価」とは 114
　② 「原価低減」の考え方 116

(1) ムダの認識 116
　　(2) ムダ排除と労働強化 118
　　(3) 工数低減改善の進め方 119
　③ 自働機を使ったライン作り 126
　　(1) 自働機とは 126
　　(2) 自働機の目的 127
　　(3) 自働機を使ったラインに流す製品条件 128
　　(4) 機械の加工能力の検証 128
　　(5) 人の仕事と機械の仕事の組み合わせ方法 136
　　(6) 標準作業の確立 142
　　(7) 作業要領書の作成 145
　　(8) 自働機への改善手順 148

第3章　現場改善と損益との関係 153

1. 章のはじめに 155
2.「変動損益計算書」を作る 157
　① 「製造部門の変動損益計算書」の作成 157
　　(1) 財務会計の「損益計算書」を見る 157
　　(2) 管理会計の「変動損益計算書」の作り方 157
　　(3) 「製造部門の変動損益計算書」を作る 160
　② 「工場別の変動損益計算書」の作成 166
　③ 「工場の比較変動損益計算書」の作成 169
　　(1) 「A工場の比較変動損益計算書」を作る 169
3.「現場改善と損益」との関係をみる 171

1 基本的な考え方 171
　　　(1) 現場改善と工数低減との関連性 171
　　　(2) 労働生産性と限界利益と従業員数の関係 173
　　2 「現場改善と損益」との関係を検証する 175
　　　(1) 比較変動損益計算書の当期－前期の差額を区分する 175
　　　(2) Ａ工場の「比較変動損益計算書（差額分析用）」を作成する 177
　　　(3) 「工数低減の換算人数」を求める 179
　　　(4) 「工場従業員の人員差数から生み出された損益」と「現場改善による工数低減から生み出された損益」を求める 182

第４章　現場改善のPDS管理 185

　1．PDS管理について 187
　　1 PDS管理とは 187
　　2 Plan（計画）の進め方 189
　　　(1) 売上高の計画 189
　　　(2) 費用計画 193
　　　(3) 目標利益の設定 198
　　　(4) 利益計画書の作成 199
　　3 Do（実行）の進め方 204
　　　(1) 現場改善のプロセス 206
　　　(2) 改善テーマと目標設定 207
　　　(3) 現場の現状把握 211
　　　(4) 改善策の研究 211

⑸ 標準化 212
④ See（照合・検証）の進め方 212
　⑴ 利益計画に対する実績を「比較変動損益計算書」で表す 213
　⑵ 主要勘定科目の差額を分析して「比較変動損益計算書（差額分析用）」にまとめる 214
　⑶ 「工場従業員の人員差数から生み出された損益」と「現場改善による工数低減から生み出された損益」を明らかにする 218
　⑷ 工場責任による「利益計画の達成度合」を検証する 222

あとがき 224

第 1 章

現場改善導入に当たっての基本的な考え方

第1章　現場改善導入に当たっての基本的な考え方

1．現場改善の目的

　現場改善を実践するに当たって、まずその改善の目的を明確にする必要があります。
　多くの会社で現場改善を導入しても、経営数字を向上させるまでの効果がなかなか得られないために、いつの間にか導入前の元の姿に戻ってしまっていることをよく耳にしますが、それは改善の目的を明確にせずに、ただ現場任せにしていたことが大きな原因であると言えます。
　そこで現場改善の目的とは、いかにあるべきかを考えてみましょう。
　結論から言いますと、現場改善の目的を「事業の目的」に整合させることです。
　そのようにすることで、経営の向かう方向と改善の向かう方向が一致するため、より会社が求める改善結果が期待できるからです。
　それでは、その「事業の目的」について考えてみましょう。
「事業の目的」は、経営環境がどのように変化しようとも企業は存続し続けなければならないというゴーイング・コンサーンに結びついたものでなければなりません。
　篠原勲氏は、著書の中で経営環境を形成する需要と供給の関係を次のように述べております。

　　『つまり、需要は初めは急成長するが、あるところから次第に鈍化し、成長力は衰えていく。これに対して供給のほうは、最初は需要に追いつかずあとからついていくことになるが、工業化社会ではたちまち生産能力が拡大していくから、ある時点で供給が需要を追い越し、供給力過剰の状態へと転じる。』
　　　　　　　　　　（『NPS「新生産方式」不滅の経営』東洋経済新報社）

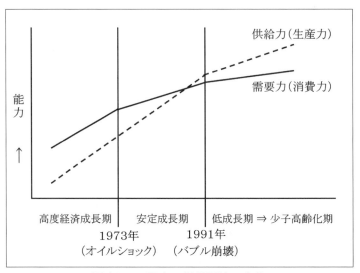

図表1-1　日本の経営環境の変化

　これを戦後の日本経済における需要力（消費力）と供給力（生産力）との関係で示すと図表1-1のようになります。

　我が国の戦後復興は順調に進み、業種によって多少の前後はありますが概ね1973年のオイルショック頃までは右肩上がりの高度経済成長期の時代が続きました。
　この高度経済成長期は、図に示すとおり供給力（生産力：点線部）の方が需要力（消費力：実線部）よりも常に下回っておりましたので物不足の時代で、何よりも量の確保が優先された少品種多量生産の時代でした。

　その結果、

　○大量生産用の設備投資が拡大されました。

第1章　現場改善導入に当たっての基本的な考え方

　（これが現在の供給過剰をもたらす結果になったとも言えますが）
　○現場改善も如何にしたら量が確保できるかに重点が置かれました。

　オイルショック後からバブル崩壊までは安定成長期と言われております。
　この安定成長期は図に示すとおり需要力（消費力）の伸びが徐々に鈍り、ついに逆転し、供給力（生産力）が需要力（消費力）を上回るまでになってきました。

　そして、1991年のバブル崩壊頃から低成長期の時代に入りました。
　この低成長期は、図に示すとおり供給力（生産力）＞需要力（消費力）の差が時代とともにますます広がってきて、外需関連企業は積極的に輸出に活路を求めていきました。
　しかし、内需関連企業にとっては物余りの時代に突入し、その特徴として消費者（顧客）のニーズが多様化されて、生産者（企業）は多品種少量生産を余儀なくされる厳しい時代になってきました。

　その結果、

　○生産設備も大量生産用から多品種生産用に見直さなければならなくなってきました。
　　（しかし、一旦構えた設備を変えるのは容易なことではありません）
　○現場改善も量重視の改善から製品価格や品質重視の改善に転換しなければならなくなってきました。

　このような傾向は、少子高齢化の時代に入るとますます強くなるものと予想されます。
　その理由は、

2015年の日本の総人口1億2543万人が、20年後の2035年には、
　1億1067万人までに減少する

と予測されているからです。
　これは、毎年74万人もの割合で日本の人口が減少していくことであり、小さな県が毎年一県ずつ日本から消滅していくに等しいようなものです。
　当然ながら日本の需要力（消費力）も人口減に比例して減少していくことになります。
　一方、供給力（生産力）の方は、技術の進展により機械化・ロボット化が進むでしょうから、供給力（生産力）＞需要力（消費力）のギャップは、ますます広がっていくことになります。
　以上のように、少子高齢化によって将来の経営環境は大きく変化し、ますます厳しくなってゆくでしょう。
　しかし、よくよく考えれば経営環境がどのように変化しようとも、主役はいつも消費者（顧客）の側にあることだけは変わりなく、そのことは歴史が証明してきました。
　いつの世も生産者（企業）は需要（消費）の変化に機敏に追従していかなければ破綻してしまうという宿命を負っております。
　このように考えると、「事業の目的」は、経営環境がどのように変化しようとも消費者（顧客）を確保すること一点に尽きると言えます。
　言い換えれば、<u>事業の目的は顧客を創造すること</u>であり、これは業種を問わず共通した課題であります。

　このことは「現代経営の父」とも呼ばれた、かの有名なピーター・

第1章　現場改善導入に当たっての基本的な考え方

F・ドラッカー氏[注1]も著書の中で同様なことを唱えておりますので、その要旨を紹介しましょう。

要旨

事業とは何か

事業の目的

「事業とは何か」と問われると、たいていの事業家は「営利を目的とする組織」と答えるし、経営学者達もほぼこれと同じような意見を持っているようである。しかしこの答えは、大きなまちがいであるばかりでなく、まったく見当はずれな答えである。

同様に「最大利潤の追求」をもって事業の目的と考え、この観点に立って事業の活動を説明しようとする経済理論も、明らかに妥当性を欠いている。

〈中略〉

こうした最大利潤と言う概念は、事業の理解に、いささかも役だたないばかりでなく、これまで計り知れない害毒を流してきた。

〈中略〉

事業とは何か、という質問に答えるためには、われわれはま

注1)　ピーター・F・ドラッカー（1909－2005）
オーストリア・ウィーン生まれのユダヤ系オーストリア人。フランクフルト大学卒業後、1937年に渡米。ニューヨーク大学教授。経営学者で「現代経営学」「マネージメント学」の発明者でもある。

ず、事業の目的を考察する必要がある。

　事業が社会の一機関である以上、事業の目的は事業それ自身にあるのではなく、事業をその機関とする社会の中になければならない。かくして、事業の目的について正しい定義はただ一つしかない。

　それは、顧客を創造することである。

〈中略〉

　事業とは何かを決定するのは、あくまで顧客である。なぜならば、経済的資源を富に転化し、物を商品化するのは顧客以外の何物でもないからである。顧客が商品またはサービスに喜んで金を払おうとしないならば、その商品やサービスは存在しえない。このように、事業の成功にとって第一義的な重要性を持つものは、事業家の価値判断ではなく、むしろ顧客の価値判断である。つまり、顧客が「値打ちがある」と思うこと、それが決定的な重要性を持っているのである。

　要するに顧客は事業の土台であり、事業の存在を支えるものである。顧客のみが雇用を保障する。

　換言すれば、顧客の諸要求を充足するために、社会は企業に対して、資源の活用を期待し、それを委託するのである。

利益の機能

　事業の性質が論じられる場合、一般には利益や収益性が真っ先に取り上げられるが、これは正しいとはいえない。というのは、利益は事業活動の原因ではなくて、その結果であるからである。

　利益は事業がマーケティング活動や革新や生産性向上を行った結果なのである。だが同時に、利益は事業活動の成果を測定

> することが出来るただ一つの尺度でもある。
> 〈中略〉
> 　事業の第一の義務はなによりも存続することである。いい換えれば、経営経済学の指導原理は、最大利潤の追求にあるのではなく、むしろ損失の回避にある。事業の運営には、つねに危険が伴うものであるから、事業はつねにこの危険に備え、危険を補塡するに足るプレミアムをつくり出さなければならない。しかもその源泉はただ一つしかない。つまりそれが利益である。

(『現代の経営』ダイヤモンド社)

「現場改善の目的」は「事業の目的」に整合させなければならないと前述しましたが、かくして「現場改善の目的」も、次のように定義付けることができます。

「事業の目的も、現場改善の目的も、顧客を創造すること」である。

「顧客にとって価値あるものとは何か」「顧客は何を求めて製品を買い、金を払うのか」という問題を考えた場合、製品の**「機能性」**、**「安全性」**、**「信頼性（品質）」**、**「納期（鮮度）」**、**「価格」**、**「デザイン」**、**「寿命」**、のほかに**「サービス」**などに対する満足度があげられます。

　これらを見ると、設計開発から営業、製造など企業のあらゆる部門がその責務を担っていなければ顧客満足度を全体的に向上させることは不可能であることが分かります。

その中でも現場改善が担っているものは、製品の**「信頼性（品質）」**、**「納期（鮮度）」**、**「価格」**、に対して顧客満足度を向上させることであり、それは、まさしく顧客を創造することに繋がっていきます。

　以上述べてきました「現場改善の目的」についてまとめますと、図表1-2のようになります。

図表1-2　「現場改善の目的」のまとめ

現場改善の目的	内　訳
顧客を創造すること （顧客満足度の向上）	製品の**信頼性（品質）**に対して顧客満足度を向上させる
	製品の**納期（鮮度）**に対して顧客満足度を向上させる
	製品の**価格**に対して顧客満足度を向上させる

　以下、本書で現場改善といえば、上記3点に対する改善を言います。

2．現場改善に対する経営階層の役割

現場改善に対する心構え

　現場改善というものは、現状に甘んじることなく善い方向に改めていくことですが、それを実行し継続していくことは、相当なエネルギーを必要とし苦労を伴います。
　人間は、出来ることなら苦労を避けたいという欲求が本能的に働きます。
　また、自分の仕事は生産活動やサービス活動であって、現場改善活動は自分の仕事の範疇外であり、時間と余裕があれば取り組もうかという程度に思っている人が殆どです。
　しかし、そのような考えは大きな誤りであり、現場改善活動も自分の仕事の重要な範疇なのです。
　そのような誤った考えを正さない限り現場改善は絶対に進みません。
　殆どの人が陥っている、このような誤った考え方を変えていくには、まず経営階層の中で特に「社長」「管理監督者」「改善推進部門」から現場改善に対する考え方や心構えを変えていかなければなりません。
　そこで、現場改善に対する経営階層の役割について述べます。

① 社長の役割

　よく聞く社長の言葉に『現場改善を導入した当初は、日毎に現場が変化して社内が活性化されていくのが目に見えたものだが、いつの間にか火が消えたようになって意気消沈してしまった』というものがあります。

しかし、このように嘆かれる社長自身は果たして導入当初と現在で、現場改善に対する情熱は変わりないと言えるでしょうか。
　現場改善に対する社長の役割は、非常に大きいです。
　現場改善活動が継続して維持発展していくかどうかは、社長自身が現場改善にどれだけ関心を持ち続けられるかによって、決まると言っても過言ではないでしょう。
　社長が現場改善の知識やノウハウを持とうが持つまいが、社長が現場改善に関わっていることそのことに意味があるのです。

　社員が社長を見る目は、社長が感じている以上に敏感であります。
　現場改善の導入当初の社長は、改善をやっている現地に顔を出したり改善メンバーに声を掛けたり、改善発表会には社長自ら出席して熱心に質問をしたり、講評をしたりするものです。
　しかし月日が経つにつれて、社長も導入当初の情熱が次第に薄れていって現場任せになり改善から遠ざかりがちになります。
　社長のこのような変化は、確実に社員にも伝わっていき、あんなに熱心に取り組んでいた現場改善は、波が引くように遠ざかっていきます。
　残念ながら、このような過程を踏んで現場改善は会社から消滅していきます。
　従って、社長は常に社員の精神的支柱になっていなければなりません。
　社長は、社員に現場改善活動を継続していく為のモチベーションを与え続けなければなりません。
　現場改善の火を消さない特効薬は社長が握っていると言っても過言ではないでしょう。

② 管理監督者の役割

「企業の差は、人材の差」とも言われております。

中でも管理監督者層の重要度が大きく「企業の差は、管理監督者の人材の差」と読み替えてもよいくらいです。

現場改善も管理監督者がリーダーシップ力を発揮して、率先して部下を引っ張らなければ、部下は付いてきません。

然らば、「管理監督者のリーダーシップ」とは如何なるものかを述べましょう。

リーダーシップとは、企業の目的を達成するために組織の目標を定め、先頭に立って部下に働きかけ、部下から信頼を得て協力的な態度を引き出すことです。

簡単に言うと管理監督者の発揮する指導力、統率力のことをリーダーシップと言います。

管理監督者と言っても、経営階層によって次の三つの層に大別できます。

　　一つ目は、「経営トップ層」に位置する者　（役員・工場長クラス）
　　二つ目は、「中間管理職層」に位置する者　（部長・課長クラス）
　　三つ目は、「監督者層」に位置する者　　　（係長・職長・ライン長クラス）

また、管理監督者に必要とされるスキル（資質）も次の三つがあります。

① コンセプチュアル・スキル (conceptual skill)

このスキルは、会社全体の構造を理解し、自部門がその中でどのよう

な位置付けになっているかを理解する「木も見て森も見える」能力です。

例えば、会社のある部門を改善しようとする場合、その改善内容が他の部門にとってマイナスに働く場合が往々にしてあります。

会社全体を考えた場合、あるいは会社の将来を考えた場合、この改善を今断行した方が会社にとってメリットになるのか、却ってデメリットになるのかを的確に判断できる能力をコンセプチュアル・スキルと言います。

この聞き慣れないスキルを向上させる方法については、安岡正篤氏[注2]が唱えている次のような「思考の三原則」を身に付けることが有効でしょう。

> ものを考えるに当っての三つの原則 ── その一つは、目先にとらわれないで、できるだけ長い目で観察するということであります。
> 第二は、一面にとらわれないで、できるだけ多面的、できるならば全面的にも考察するということであります。
> 第三が、枝葉末節にとらわれないで、できるだけ根本的に観察するということであります。

(『運命を創る』プレジデント社)

尚、このコンセプチュアル・スキルは、経営階層が上になる程必要と

[注2] 安岡正篤(1898－1983)
東京帝国大学卒、東洋政治哲学・人物学・陽明学の権威で、一貫して東洋思想の研究と後進の育成に従事、昭和24年に師友会を設立、広く国民各層の啓発・教化に努めた。

される能力と言われております。

②ヒューマン・スキル(human skill)

このスキルは、他者との良好な人間関係を構築、維持する能力です。

この能力を発揮することによって、職場内には良好なチームワークが形成されます。

尚、このヒューマン・スキルは、どの階層のリーダーにも共通に必要とされる能力でもあります。

③テクニカル・スキル(technical skill)

このスキルは、特定の専門分野の職務を遂行するために必要な知識力や技術力に相当する能力です。この能力がないと、部下からの信頼感を得られずリーダーシップを発揮することが出来ません。

尚、このテクニカル・スキルは、特に監督者層に必要とされる能力で、職場内の技術者を育成したり指導したりするために、必ず身に付けなければならない能力です。

このように、先の三つの経営階層によってリーダーの発揮すべき各能

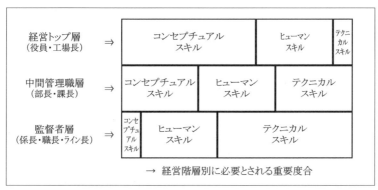

図表1-3　経営階層のリーダーの能力

力（スキル）の重要度合が異なります。
　それを図に表すと、図表1-3のようになります。

　以上は、管理監督者に必要とされるスキルですが、次にそのスキルを発揮して管理監督者が担うべき現場に対する基本的な役割は如何なるものかを述べます。

　その役割とは、

　　　先ず………現場が**異常**になったら速やかに正常に戻すことです。
　　　次に………**異常**が繰り返されないように再発防止の手を打つことです。
　　　そして……打った再発防止策が定着するように部下の**教育訓練**を行うことです。

　ここで重要なことは、「異常」という言葉と「教育訓練」という言葉です。

　いくら有能な管理監督者でも何が正常で何が異常かが分からなければ手を打つことが出来ません。
　そこで管理監督者の役割を果たしていくために、いの一番にやらなければならないことは正常・異常の基準を設定して、現場が今正常なのか異常なのか、誰が見ても分かるようにしておくことです。
　これを「目で見る管理」と言います。
　例えば、品質・生産進捗・在庫量などについて、予め正常範囲を設定しておいて、現場がその正常範囲から外れた場合は異常として誰にでも目で見えるようになっていることです。

次に管理監督者が行う教育訓練についてですが、教育訓練にはOff JT（職場外訓練）とOJT（職場内訓練）の二通りがあります。

Off JT（職場外訓練）とはOff the Job Trainingの頭文字をとったもので、講義方式や座学方式の集合教育であり、企業人としての考え方や企業特有の専門用語、ルールを学ぶことであり、その後に続くOJT（職場内訓練）や自己啓発を補完するものです。

一方、OJT（職場内訓練）とはOn the Job Trainingの頭文字をとったもので、日常の仕事の過程で教育することで、計画を立て指示命令し実施させ報告させ質問し評価するなどの管理行動そのものを言います。

管理監督者の役割を果たしていく上で特に重要なのは、『目で見る管理』と『OJT（職場内訓練）』です。
言い換えれば、この二つが確立していなければ、管理監督者の役割は果たすことが出来ません。

尚、管理監督者の役割の中での『異常が繰り返されないように再発防止の手を打つ』ことは、本書で取り上げている現場改善そのものであると言えるでしょう。

③ 改善推進部門の役割

現場改善活動は、対象部門の管理監督者が中心になって自部門の改善を日常業務の一環として実践する場合と、社内に改善チームを編成して計画的に小集団活動形式で実践する場合の二通りがあります。
前者の自部門の改善があって、後者の改善チームの改善もうまくいきます。

尚、改善チームを編成しての現場改善活動は、改善リーダーを工場内の管理監督者層から選抜し、改善メンバーは改善対象部門内外から広く選定された社員によって構成されます。
　そのような形で構成された改善チームの現場改善活動をスムーズに進めるために、側面からサポートし、且つファシリテーターの役目を担うのが「改善推進部門」であり、社内組織化されているのが一般的です。
　その「改善推進部門」の主な業務は、

①工場長または製造担当部長などと相談して改善計画を立て、「改善テーマ表」にまとめて関係者に連絡します
　　「改善テーマ表」の様式は、図表1-4を参照。

②改善実践日に先立って、改善基地（部屋）の確保と改善準備資料を整えます
　　主な改善準備資料は、
　　　○改善対象工程の「レイアウト図（機械配置、人員配置）」
　　　○時間観測をするための「ストップウォッチ」
　　　○「時間観測用紙」（様式は図表1-5を参照）
　　　○問題点、改善内容等を記入する「改善報告書」（様式は図表1-6を参照）

③改善実践当日の司会進行役を担います
　　改善活動の進行を司ることで特に注意すべきことは、改善メンバーが「現場に立って現場を見る」時間を出来るだけ多く持つように仕向けることです。
　　ややもすれば、改善基地（部屋）の中に籠もって議論に熱中してしまい、時間だけが過ぎて現場が蔑ろになります。
　　これでは、良い改善は生まれません。

とにかく困ったときは、現場を見ることです。
議論が紛糾して結論が出ない時は、現場を見ることです。
いわゆる「現場は師なり」「師は現場に有り」という精神に立って、その考えを貫けば必ず良い改善結果が得られます。

④改善発表会を開催する
現場改善は会社にとって重要な活動の位置付けにあることを全社員に知らしめるためにも、社長はじめ経営トップ層を招いて改善発表会を開催しなければなりません。
現場改善の本格導入当初は、だれが見ても分かるムダが多く、改善ニーズも多い環境にあるので、改善もやり易く効果もすぐ現れてきますので、発表会も盛り上がります。

しかし、現場改善はいつも全てがうまくいくとは限りません。
目論んだ通りにいかない改善もあります。
ある程度月日が過ぎて現場改善も成熟期に入ってくると、改善そのものも難しくなってきて、効果もすぐには現れてこなくなります。
このようになってくると、ついつい改善発表会を中断しがちになってきます。
実は、これが危険なのです。
現場改善はそんなに甘いものではありません。

そのようなことで改善発表会を中止してしまうようでは、経営トップ層も一般従業員も改善に触れる機会がなくなり、現場改善に対する関心度は急激に消沈してしまいます。
成功改善であろうと不成功改善であろうと改善発表会で報告して、どうすべきなのかを皆と議論して、お互いに切磋琢磨していかなければなりません。

決して諦めてはいけません。
　特に、「改善推進部門」は、改善発表会を単なる報告会と捉えず、その裏には「全役職員の改善に対する心」を繋ぎ止める重要な場でもあるということを肝に銘じなければなりません。

　次に、多くの会社の「改善推進部門」が陥る悩みについて述べましょう。
　それは、「改善推進部門」が一生懸命に推進しようとしても肝心の現場は、全然盛り上がらず「改善推進部門」に任せっきりで自ら進んで改善しようとせず、「改善推進部門」が浮き上がり孤立していくという悩みです。
　これは、先に述べた社長や管理監督者の改善に対する役割の欠如が大きな要因でもありますが、「改善推進部門」サイドの基本的な姿勢にも問題があります。
　「改善推進部門」が現場を牽引するという姿勢で取り組むと、どうもうまく進まず、気が付いて後ろを振り返れば誰も付いて来ず、孤立状態に陥ってしまいます。
　寧ろ、牽引するのではなく背中を後押しするという姿勢で取り組む方が良いようです。
　牽引姿勢は、社長や管理監督者がとるべき姿勢であり、「改善推進部門」はあくまでも後押し姿勢を心掛けるべきでしょう。「推進」という意味は、読んで字の如く推し進めるということですから。

第1章　現場改善導入に当たっての基本的な考え方

	改善テーマ表					承認		作成	
改善日時	年　月　日　時　～　年　月　日　時					改善基地名			
改善対象部門名						対象ライン名			
改善メンバー									
テーマ名									
目標	(個別目標)				(共通目標)				
	現状値	目標値	結果値		現状値		目標値		結果値

NO	問題点(異常の抽出)	原因の追究

図表1-4　「改善テーマ表」（様式）

時間観測用紙

対象職場名	対象工程名	対象作業者名	観測日時	観測者名

| NO | 作業内容 | 観測時間（秒） ||||| 正味時間 | 改善着眼点 |
		1回目	2回目	3回目	4回目	5回目		

正味時間は、同一作業内容の中での最短時間を記入する

図表1-5 「時間観測用紙」（様式）

第1章　現場改善導入に当たっての基本的な考え方

改善報告書						承認		作成	
改善日時	年 月 日 時～			年 月 日 時		改善基地名			
改善対象部門名				対象ライン名					
改善メンバー									
テーマ名									
目標	(個別目標)			(共通目標)					
	現状値	目標値	結果値	現状値		目標値		結果値	

NO.	問題点 (異常内容)	原因	改善概要	別紙 NO.	フォローアップ°	
					誰が	何日

改善概要の詳細は、別紙にて説明する

図表1-6　「改善報告書」（様式）

第2章

顧客創造に目線を置いた現場改善の進め方

第 2 章　顧客創造に目線を置いた現場改善の進め方

1. 章のはじめに

　第 1 章では、現場改善の目的は事業の目的同様「顧客を創造することである」と述べました。
　そして、その目的に沿った現場改善について、次の三つのテーマを掲げました。

- 製品の信頼性（品質）に対して顧客満足度を向上させる
  （具体的な改善テーマ名は、**「製品の品質向上改善」**と言う）
- 製品の納期（鮮度）に対して顧客満足度を向上させる
  （具体的な改善テーマ名は、**「製品のリードタイム短縮改善」**と言う）
- 製品の価格に対して顧客満足度を向上させる
  （具体的な改善テーマ名は、**「製品の原価低減改善」**と言う）

　これらのテーマ改善には、多品種少量生産というニーズからの出発点として、既存の物の造り方を根本的に組み換えた**「流れるように造る生産システム」**に移行する必要があります。
　この「流れるように造る生産システム」の代表例がトヨタ生産方式であります。
　トヨタ生産方式については元トヨタ自動車工業㈱の大野耐一氏[注1]が昭和20年代後半に開発し、今日見事な成果を上げているばかりでなく、

注1)　大野耐一（1912-1990）
　　　中国の大連に生まれる。名古屋高等工業学校機械科卒。豊田紡織を経てトヨタ自動車工業に転籍。機械工場長後副社長に就任。かんばん方式など生産管理のあり方として世界的に有名になった「トヨタ生産方式」を体系化した。

今後全世界に発展していくと思われる革新的な生産方式であります。
　世には『トヨタ生産方式』という名で数多くの著書が出版されていますので、さらに詳しく研究される方は、それらを求めて学習されることをお奨めします。

　何故「流れるように造る生産システム」が事業の目的である顧客創造に沿っているかを述べましょう。
「流れる」という言葉から受けるイメージは、一時も淀むことなく常に上流から下流に向かって移動している様を思い浮かべるでしょう。
　これを物造りの現場に当てはめて考えてみましょう。
　それは、物が無の状態から完成品に至るまで、停滞することなく常にお金を生み出す方向に向かって変質変形している様を言い、いわゆる常に付加価値を高める方向に向かって工程を進めていくことを言います。
「一個流し生産方式」は、この究極のやり方と言えましょう。

　その対極にある生産方式は、同じ物をまとめて造る「ロット生産方式」と呼ばれているものです。
　かつての高度経済成長時代の日本は、造れば売れる時代でもありましたので、この「ロット生産方式」が主流でした。
ロット生産方式は、例えばプレスの動き一つとっても同じ金型で単位時間に出来るだけたくさん打ち続けることで量産効果による原価低減を狙おうというものです。
　しかし、この「ロット生産方式」には次のような決定的な欠点があります。
　それは、

○ ロット生産方式は出来るだけ同じ物をまとめて数多く造るということですので、自ずと種類は少なくなり少品種多量生産になります。

この種類を少なくする少品種多量生産の発想は顧客のニーズによるものではなく、企業の都合によるものです。

従って、顧客の製品選択が制限されることになりますので、企業の目的である「顧客を創造する」ことに逆行した方式と言えます。

それでも需要力が供給力より上回っている時代には通用しました。物不足のために、顧客側が我慢をしていたわけです。

しかし、需要力が供給力を下回るという低成長時代に入った現代においては、全く通用せず、少品種多量生産方式は企業の命取りになりかねません。

○ またロット生産方式は物を造る工程内や工程間に仕掛在庫が山積みになります。

生産される物の側から見れば、着工から完成品に至るまでのリードタイムは、仕掛在庫が多ければ多いほど長くなります。

いわゆる商品の鮮度は落ち、納期は延びることになります。

このことも企業の目的である「顧客を創造する」ことに逆行していることに繋がります。

特に「大ロット生産方式」を採用されている企業が「流れるように造る生産システム」に全面的に移行することは、永年にわたって培われてきた自社の企業文化を否定することから始めなければなりませんので、社内からの反発もあり想像以上のエネルギーが必要とされ、下手をすれば却って火傷を負いかねません。

『トヨタ生産方式』を頭（知識）だけで分かって導入しようとしても、中々定着できない企業が多いことも頷けます。

しかし、トヨタという会社が成功現存していますので、不可能なことではありません。

特に、社長の不退転の決意と熱意と統率力があれば必ずや成功するでしょう。

以上の説明でお分かりのように、工場現場が成し得ることで顧客満足度を向上させるには、**「流れるように造る生産システム」**の構築が絶対不可欠です。

　この「流れるように造る生産システム」を構築することがイコール**「製品のリードタイム短縮」**に繋がります。

　また**「製品の品質向上の改善」**や**「製品の原価低減の改善」**もこの「流れるように造る生産システム」が前提条件となります。

　従って、この章の進め方としては、「製品のリードタイム短縮改善」から入っていきます。

2.「製品のリードタイム短縮改善」の進め方

1 製品のリードタイムとは

先ずリードタイムについて少し詳しく説明しましょう。
製品のリードタイムは次の計算式で表されます。

$$製品のリードタイム ＝ 加工時間 ＋ 停滞時間$$

上式の中の加工時間とは、ワークを削ったり、成形したり、組付けたりするようなお金を生み出す方向に向かって費やす時間で、いわゆる付加価値を高める為にワークが変質変形している時間を言います。
　一方、停滞時間とは、物が工程内で停滞していたり、運搬されていたり、検査されていたりすることなどに費やされる時間で、いわゆる付加価値を生まない時間を言います。

　例えば、各工程の1個の加工時間を1分として、10工程で製品が完成する場合を想定して、「ロット生産方式」の場合と「一個流し生産方式」の場合とで製品のリードタイム上に、どのような差が表れるのか検証してみましょう。

① 1ロット100個単位で加工する「ロット生産方式」の場合

　（いわゆる各工程に100個ずつ抱えて工程を進める場合）

② 1ロット1個単位で加工する「一個流し生産方式」の場合

　（いわゆる各工程に1個ずつ抱えて工程を進める場合）

　上記の二つの生産方式①②におけるリードタイムを比較すると図表2-1のようになります。

図表2-1

		①「ロット生産方式」 （1ロット100個単位で加工）	②「一個流し生産方式」 （1ロット1個単位で加工）
A	工　程　数	10工程	10工程
B	各工程の1個当たりの加工時間	1分	1分
C	工程内仕掛り数	100個×10工程＝1000個	1個×10工程＝10個
D	着工（1工程）から完成（10工程）までの製品のリードタイム＝B×C	1分×1000個＝1000分	1分×10個＝10分

　図表2-1の着工（1工程）から完成（10工程）までのリードタイムDを、前頁のリードタイム計算式で表すと次のようになります。

第2章 顧客創造に目線を置いた現場改善の進め方

〈ロット生産方式〉
製品のリードタイム＝加工時間10分＋停滞時間990分＝1000分

〈一個流し生産方式〉
製品のリードタイム＝加工時間10分＋停滞時間　0分＝　10分

　上式は、製品のリードタイム短縮改善のために、次のような重要なポイントを教えています。

　それは「ロット生産方式」の場合は、「一個流し生産方式」に比較して加工時間が双方とも10分と同じなのに100倍のリードタイムが掛かっているということです。
　その差は全て停滞時間の差であることが読み取れます。
　製品のリードタイムを短縮させるには、加工時間よりも停滞時間を優先して縮めた方が、はるかに大きな効果が得られるという改善への優先順位を教えています。

　「ロット生産方式」と「一個流し生産方式」において、製品のリードタイム上に、そこまで大きな差があることが明確になった以上、直ぐにでも「ロット生産方式」から「一個流し生産方式」に切り替えた方がよいと考えがちです。

　しかし、現在の「ロット生産方式」のままでは「一個流し生産方式」に単純に移行できない大きな問題が立ちはだかっております。
　それは、多品種少量生産時代の現下において「段取り替えに伴う作業中断のムダ」を克服しなければならないということです。

いわゆる「段取り替え改善」が「一個流し生産方式」切り替えへのキーポイントになります。

　また、改善ステップとして、「ロット生産方式」から一挙に「一個流し生産方式」に全面的に切り替えようとしても失敗します。
　そんなに簡単なものではありません。

　改善の最終ゴールを「一個流し生産」に置いて、先ず「大ロット生産から中ロット生産」へ改善を進め、そして「小ロット生産」へ改善を進める、というように階段を踏み上がるようにして、たゆまぬ改善努力をすることが失敗しないコツと言えるでしょう。

　以上の改善ステップを念頭に置いた「段取り替え改善」の進め方について、次に説明しましょう。

②「段取り替え改善」の進め方

「段取り替え」を、仕事の性質上から見て分類すると次の二つに分かれます。

---

①機械加工やプレス加工工程における段取り替えは、**「金型の取り替え作業」**が主な内容になります。
②装置工場や化学工場における段取り替えは、**「品種の切り替え作業」**が主な内容になります。

従って、「段取り替え」の改善テーマは「金型の取り替え作業の時間短縮」または「品種の切り替え作業の時間短縮」ということになります。

その基本的な改善策について述べましょう。

(1) 「金型の取り替え作業の時間短縮」改善について

「金型の取り替え作業時間」とは旧金型を取り外して、新金型の取り付けを行い、試し加工をして第1回目の良品が生産されるまでの時間を言います。

大野耐一氏は、著書の中でトヨタの段取り替え時間の変遷について次のように述べております。

『かつて昭和二十年代、トヨタ自工の生産現場では、大型プレスの金型の段取り替えに二〜三時間を要した。能率と経済性から考えて、段取り替えはなるべくしないという習慣が身についてしまっていたので、当初は現場の強い抵抗を受けたものである。

段取り替えとはすなわち能率を下げること、原価を上げる要素であったわけだから、作業者が喜んで段取り替えをするはずがなかったわけである。しかし、そこは意識を変革してもらわなければならなかった。

すみやかな段取り替えは、トヨタ生産方式を実施するに当って、絶対の要件である。ロットを小さくして段取り替えのニーズをつくり出すことによって、作業者は実戦上でトレーニングを積み重ねた。

昭和三十年代になって、トヨタ自工内の平準化生産を進める段階で、段取り替えの時間は一時間を割り込んでいき、十五分にもなった。そして四十年代の後半には、わずか三分にまで短縮されたので

ある。ニーズにもとづく作業者の実地訓練が常識を打ち破った例である。』

(『トヨタ生産方式』ダイヤモンド社)

　このように「金型の取り替え作業の時間短縮改善」は、やり方によっては、想像以上の効果が出るものです。
　「金型の取り替え作業の時間短縮改善」は、次のようなステップを踏んで改善に取り組むとよいでしょう。

ステップ１）段取り替え作業の現状調査をします
- 就業時間内で行っている段取り替えのための作業時間と作業内容を、図表1-5（様式）の「時間観測用紙」を利用して記録し、工程や機械別の問題点を調査します。
- 人が機械に関わっている作業で、少し複雑なものは、ビデオ撮影による分析が効果的です。

ステップ２）内段取り作業と外段取り作業を明確に区分します
- 内段取り作業とは、金型を機械から取り外したり、取り付けたりするなど、機械を停めて行う作業を言います。
- 外段取り作業とは、金型を揃えたり、工具・治具を揃えたりするなどの準備作業、そして、準備品を元の位置に復元する後片付け作業など、機械を停めなくとも出来る作業を言います。
- ステップ１）で調査した段取り替えの作業内容を、機械を停めないでやっている作業（外段取り作業）と機械を停めてやっている作業（内段取り作業）に区分します。

ステップ３）内段取り作業から外段取り作業への転化を図ります
- 機械を停めてやっている作業（内段取り作業）の中で加工材料の運

搬や金型の準備など、機械を停めなくとも事前に準備できる作業を外段取り作業のほうに転入します。

ステップ４）内段取り作業時間の短縮改善をします

- 金型の高さを統一することで、ゲタをはかせるなどの高さ調整が不要になります。
- 金型の基準線と機械側の台の基準線を明確にし、それぞれの基準線がブレないように合わせることで、寸法調整や、芯出し調整などのムダな作業をなくすことが出来ます（これを「一発位置決め」と言います）。
- 金型や刃具を止める固定ネジを廃止し、カムの利用など他の固定方法への変更を考えます。
- 更に、金型の中身は多品種でも全体が同一になるように、上下ホルダーを標準化した複合型にすれば、よりスピーディーな内段取り作業が実現出来ます。

ステップ５）外段取り作業時間の短縮改善をします

- 先ず、作業環境の5S（整理・整頓・清掃・清潔・躾）の徹底化を図ります。
- 段取り替えの為の専用台車を作成して、金型・工具・治具を探したり、運んだりするムダな時間を短縮します。
- そして、金型を機械に取り付けるのに上下移動を排し、水平移動のみでやれるように専用台車の金型置台の高さを調整します。
- 段取り替えに使用する工具・治具の使用順序を標準化し、それらを色分けしたり、置き場に番号を付けたりして、アドレス化を図ります。
- 以上のことが常態化するようにマニュアル化して作業訓練を徹底します。

⑵「品種の切り替え作業の時間短縮」改善について

　基本的な考え方は「金型の取り替え作業」の場合と同じです。
　異なる点は、物の取り替えが主体になるので異種混入防止上からクリーニング作業が重要になります。
　この場合の段取り替えの理想は、カセット方式です。
　そのカセット方式について、塗装工場の場合を例にとって説明しましょう。
　例えば、同一塗装ブース内で流れる物によって、A色⇒B色⇒C色と色指定があり、頻繁に色の段取り替えが必要な場合、

- A色塗装中に、スペアの「塗料カップと塗装ガン」を外段取りでクリーニングしてB色の塗料をカップに充填し、ガンの試し噴射をしてB色塗装用として準備しておきます。
- A色塗装終了次第、A色塗装用の「塗料カップと塗装ガン」を外して、代わりに上記で準備しておいたB色塗装用の「塗料カップと塗装ガン」をセットします。
- 同様にしてB色塗装中に、上記で外したA色塗装用の「塗料カップと塗装ガン」を外段取りでクリーニングしてC色の塗料をカップに充填し、ガンの試し噴射をしてC色塗装用として準備しておきます。
- このようにセットで交換する方法を「カセット方式」と言います。瞬間的に内段取り替えが行えるので、タクトタイム[注2]内での段取

[注2]　タクトタイム（Tact Time）
　製品1個（又は1ロット）を何分何秒で造らなければならないかという時間で、生産必要数と稼働時間によって決まってきます。

　タクトタイム＝1日の稼働時間／1日の生産必要数

り替えが可能になります。

③「流れるように造る生産システム」の構築の仕方

本章2の「①製品のリードタイムとは」では製品のリードタイムについて解説しましたが、これは物を造る側から見た場合のリードタイムであります。

一方、顧客側から見た場合のリードタイムは、注文を出してから納品されるまでのトータル時間を言います。
言うまでもなく重要なのは、顧客側から見た場合のリードタイムの方です。

どこの会社も重要な顧客からの特別注文は、特別工程を組んで他の顧客からの注文品を押しのけてでも大特急で間に合わせて「ヤレヤレ一件落着」となるのが一般的ではないでしょうか。

本章の狙いは、全ての顧客からの注文品に対しても重要な顧客同様にリードタイムを縮めて生産することです。
その為には、顧客の指定する納期順に製品が流れるように造られ完成してくるしくみを作り上げることが最善の方法でしょう。
全ての顧客の指定する納期順通りに造るとなると、工場の改善だけでは困難な面があり営業も含めた改善が必要になります。

それらの全体的なしくみを図に表すと、図表2-2のようになります。

図表2-2で示すように「流れるように造る生産システム」が実って初めて『リードタイム短縮』が構築されます。

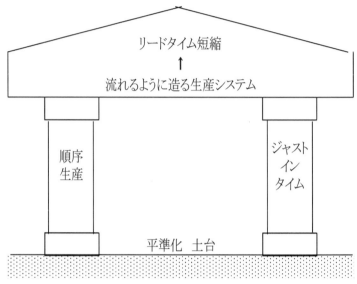

図表2-2

「流れるように造る生産システム」は「順序生産」と「ジャスト・イン・タイム」の2本の柱に支えられて可能になります。

　尚、「ジャスト・イン・タイム」については、後程詳しく説明しますが簡単に言えば、後工程（又は顧客）が必要な時に、必要な物を、必要な量だけ造る（又は運ぶ）ことを言います。

　しかし、その2本の柱も基礎となる土台が平滑でないと立つことはできません。

　その平滑土台を「平準化」と称し、「順序生産」と「ジャスト・イン・タイム」の大前提条件となるものです。

　先ず、その大前提条件である「平準化」から説明していきましょう。

第2章　顧客創造に目線を置いた現場改善の進め方

(1)「平準化」について

「平準化」とは、生産量を平均化するだけでなく、種類も含めて日々平均化されている状態を言います。

「平準化」について分かり易いように図で示すと、図表2-3のようになります。

最大仕事量と最小仕事量の差（平準化バンド）が大きければ大きいほど、平準化生産から遠のいて原価アップの方向に向かっていきます。

原価アップになる主な要因は、

○仕事量が能力以上に多くなれば、安全や品質に対する配慮が疎かになります。
また残業や休日出勤も増え、それも限度を超えれば従業員の心身上の健康が損なわれ、活気も失われます。

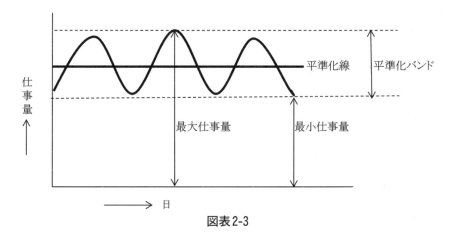

図表2-3

○ 従って、納期遅れをきたさないようにする為に、最大仕事量で人、物、設備を構えるという考え方もあります。
　しかし、仕事量が減ってくれば、逆に暇になって、人、物、設備の稼働率が下がり大きなムダが発生します。

○ そこで、納期遅れの回避手段として、外注に頼る方法もあります。
　しかし、外注先にとっても仕事が有ったり無かったりのバラツキが大きいと、損失が発生しますので、外注単価も高騰します。

○ また、仕事量のバラツキを少なくする手段として、仕事量の少ない時期に多めに造って在庫しておき、仕事量が増えてきたら在庫の中から崩していくという方法もあります。
　しかし、仕事量の山谷の期間が長いと早めに造っておいた在庫製品の鮮度は劣化するし、顧客からの変更要求にも対応できないなど、顧客に対する大きな問題が残ります。

　次に、平準化の土台が傾いてくると、何故２本の柱である「順序生産」と「ジャスト・イン・タイム」も崩れてくるのかを説明しましょう。

　過負荷状態の生産が続くと、どうしても生産に遅れをきたし納期に影響してきます。
　そこで、顧客に迷惑がかからないように、事前に納期変更をお願いし、可能なものについては生産途中においてでも納期変更が横行します。
　しかし、生産ラインは当初の納期をベースにした生産順番でスタートしておりますので、流れの途中で生産順番を変更せざるを得なくなり、生産の流れは停滞したり追い越したり乱れてきます。

また、「ジャスト・イン・タイム」のしくみに則って動いている支流の工程も、本流の「順序生産」に連動して着工しておりますので、本流の流れが乱れてくると、当然ながら「ジャスト・イン・タイム」も乱れてきます。

　いわゆる生産の流れ全体が不安定になり、平準化が崩れれば崩れるほど、生産全体が滅茶苦茶になり、原価は想像以上に高騰し、顧客にも多大な迷惑を掛けることになります。

　以上、説明しましたように「平準化」の問題は、受注量と納期が密接に関係しますので、営業部門の受注管理の有り方で大きく変わってきます。

　一般的に営業員は『お客様相手なので受注を平準化コントロールすることは出来ない』と思いがちですが、その先入観が結局は顧客に迷惑を掛けることになるし、会社は原価ばかりが上がって利益に繋がりません。
　営業部門は、仕事量の異常な山谷を作らないように、先を見た受注管理、納期管理が絶対に必要です。
　特に「平準化」で問題なのは、仕事量の山と谷の差（平準化バンドの幅）が大きく、且つ山と谷の期間が長い場合に致命的な問題が発生します。

　例えば、能力を超えた多忙状態（山）が長引くと、会社の上から下まで全員が目の前の仕事の負荷を処理することのみに専念してしまい、管理職の本来の役割である「安全管理・品質管理・利益管理」や「明日の飯のための改善」や「部下の指導」をする余裕が全くなくなってきます。

そして、そのことが習慣になってしまうと、暇な状態（谷）が来ても中々本来の正常な姿に戻り難くなります。

　このことは、会社の成長を止めるだけでなく、衰退の道に繋がっていきます。

　これが「平準化」の怖いところなのです。

「平準化」管理と言っても、山谷が全くなく図表2-3で示す平準化線ピッタリにすることは現実的に不可能です。

　然らば、山と谷の差である平準化バンドの幅が、いくらくらいが望ましいかについては、経験上、平準化線を中心に±5％以内が理想的で、大きく振れても±10％以内には抑えるべきでしょう。

(2)「順序生産」について

　世の中の生産方式を大別すると、受注生産方式と見込み生産方式があります。
　各々の生産方式について、一般的な特徴を説明しましょう。

　□受注生産方式の特徴
　　○顧客から注文をもらってから生産を開始する。
　　○顧客からの仕様の製品が多い。
　　○多品種少量生産である。
　　○原材料や部品は受注による生産計画に従って調達される。
　　○製品在庫が少ない。

第2章　顧客創造に目線を置いた現場改善の進め方

□ 見込み生産方式の特徴
　○ 予め生産して在庫しておき、顧客から注文をもらって出荷する。
　○ 他の顧客にも販売できる汎用製品が多い。
　○ 少品種多量生産である。
　○ 原材料や部品は見込みの生産計画に従って調達される。
　○ 製品在庫が多い。

以上ですが、現在では市場での競争が激しくなって製品の寿命がどんどん短くなっていますので、見込み生産方式といえども製品在庫を多く持てなくなってきています。

従って、見込み生産方式も受注生産方式同様、製品のリードタイムを短縮させて製品在庫を極力少なくする生産のやり方が求められております。

最近では、両方式の区別がなくなりつつあります。

製品のリードタイムを短縮させる製造方法としては、平準化という前提条件下での**「一個流しによる順序生産」**に勝るものはないでしょう。

然らば**「順序生産」**とは如何なるものかを次に説明しましょう。

〈説明条件〉
　1）製品は、受注生産品とする。
　2）製作工程は、「板金・プレスライン ― 塗装ライン ― 組立ライン」とする。
　3）流す単位は、一個単位か小ロット単位とする。

以上の条件の場合を例にとって、各種の順序生産のイメージを図表2-4、図表2-5、図表2-6で示します。

(イ) 整流ラインの例

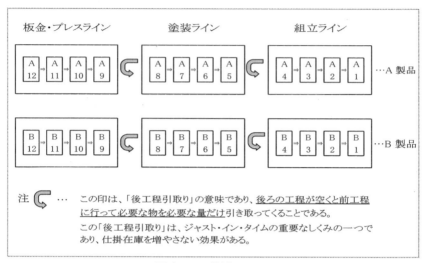

図表2-4　整流ライン

図表2-4（整流ライン）の解説

図表2-4は、A製品、B製品別に、板金・プレスラインと塗装ラインと組立ラインが独立して存在する場合の順序生産の例です。

これを「整流ライン」と言います。

A製品を流す現品票には、A-1、A-2、A-3……のように番号を付けます。

同様に、B製品を流す加工物の現品票には、B-1、B-2、B-3……のように番号を付けます。

各ラインは若連番順に引き取って若連番順に加工していきます。

製品毎に独立した「整流ライン」の特長は、

○ A製品とB製品で、製品の構成や工数が、板金・プレスライン、塗装ライン、組立ライン共に明らかに大きな差があり、混合で流せばラインの途中で停滞や手待ちが生じ、スムーズに流れない場合に採

用されるシステムです。
○製品全体量としては平準化されていても、A製品・B製品それぞれに対してまでも平準化することは現実的に難しいものです。
その結果、A製品・B製品を流すラインの稼働率にいつも差が生じることになります。
その差が大きければ大きい程ムダが生じ原価アップに繋がります。
製品毎に独立した整流ラインの場合、このことが唯一の欠点でもあります。

しかし、その場合の対策として『ライン作業者数に柔軟性を持たせる』という手段があります。
例えば、A製品を流すラインよりB製品を流すラインの方が忙しい場合は、A製品を流すラインの作業者を一時的にB製品を流すラインに異動させ、シフト替えすることで工数の平準化を実現させる方法です。
その為には、A製品を流すラインの作業者とB製品を流すラインの作業者が何時でも相互乗り入れして、応援が出来るようにしておかなければなりません。
これを「多能工化訓練」と言い非常に重要な訓練です。
しかし、シフト替え時点の一時中断によるムダと、流れに乗るまでの慣れ不足によるムダが発生します。

(ロ) 混流＋整流ラインの例

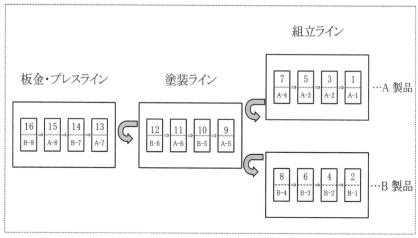

図表2-5　混流＋整流ライン

<u>図表2-5（混流＋整流ライン）の解説</u>

　図表2-5は、板金・プレスラインと塗装ラインは、A製品とB製品を混合で流し（これを混流という）、組立ラインは、製品ごとに独立した整流ラインで流す、という順序生産の例です。

　この場合の流す加工物の現品票には、板金・プレスラインと塗装ライン用の順番として1、2、3、……という番号と、組立ライン用の順番としてA-1、A-2、A-3……（又はB-1、B-2、B-3……）というように、同一加工物に対して2通りの番号を付けます。

　番号の組み合わせは、A製品とB製品の日当たり必要数の割合によって決定します。

　例えば、A製品とB製品の日当たり必要数が同数の場合は1（A-1）⇒2（B-1）⇒3（A-2）⇒4（B-2）……というように交互で割り付けます。

　A製品／B製品の日当たり必要数の割合が1／2の場合は、1（A-1）⇒2（B-1）⇒3（B-2）⇒4（A-2）⇒5（B-3）⇒6（B-4）⇒7（A-3）……という

ようにＡ製品を２つおきで割り付けます。

　板金・プレスラインと塗装ラインは、１⇒２⇒３⇒４……の順に加工し、組立ラインのＡ製品は、A-1⇒A-2⇒A-3……の順に引き取って加工し、Ｂ製品は、B-1⇒B-2⇒B-3……の順に引き取って加工します。

「混流＋整流ライン」の特長は、

- Ａ製品とＢ製品で、製品の構成や工数が、板金・プレスライン、塗装ラインにとっては大きな差がないが、組立ラインにとっては大きな差がある場合に採用されるシステムです。
- 若しくは、当初は全工程に亘って製品の構成や工数に大きな差があった為に、製品毎に独立した整流ラインであったが、それを板金・プレスライン、塗装ラインについては、『製品を流す一の単位を平準化する改善』[注3]の結果、混流ラインが可能になり、全体として「混流＋整流ライン」が実現できた場合のシステムです。

　板金・プレスライン、塗装ラインのように混流ラインが実現できれば、Ａ製品とＢ製品の日当たり必要数の割合に関係なく作業者をライン異動させてシフト替えする必要がないので、ラインとしては安定します。

[注3] 『製品を流す一の単位を平準化する改善』については、後頁で解説します。

(ハ) 混流ラインの例

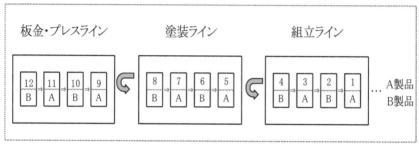

図表2-6　全工程混流ライン

<u>図表2-6(全工程混流ライン)の解説</u>

　図表2-6は、全工程を、A製品とB製品を混合で流す混流ラインの順序生産の例で、最も望ましい方法です。

　この場合の流す加工物の現品票には、1、2、3、……という一種類の番号を付けます。
　A製品とB製品の組み合わせは、図表2-5(混流+整流ライン)の場合と同じく日当たり必要数の割合によって決定します。
　各ラインは若連番順に引き取って、若連番順に加工していきます。
　至ってシンプルで分かり易いです。

「全工程混流ライン」の特長は、
- A製品とB製品で、製品の構成や工数が、板金・プレスライン、塗装ライン、組立ライン共に大きな差がない場合に採用されるシステムです。
- 若しくは、「混流+整流ライン」から、更に『製品を流す一の単位を平準化する改善』を進めた結果、「全工程混流ライン」が実現できた場合のシステムです。

このような「全工程混流ライン」の場合は、全ラインに亘って、A製品とB製品の日当たり必要数の割合に関係なく作業者をライン異動させ、シフト替えする必要がないので、ラインとしては最も安定します。

(3) 順序生産における「製品を流す一の単位の平準化策」

　ここで、図表2-5、図表2-6で触れた『製品を流す一の単位の平準化策』とは如何なるものかについて説明しましょう。

　例えば、工数が大・中・小の製品を同一ラインに流す場合について想定してみましょう。

　先ず、「製品を流す一の単位の平準化改善」をしないで、単純に混合で一個ずつ流した場合は、図表2-7のようになります。

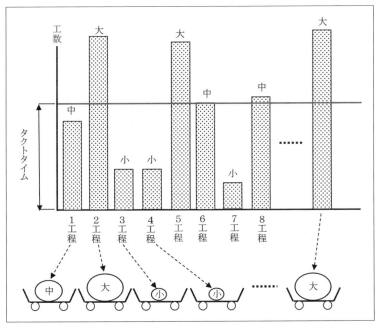

図表2-7　「製品を流す一の単位の平準化改善前」の状態

図表2-7（「製品を流す一の単位の平準化改善前」の状態）の解説
- 工数大が入っている工程では、タクトタイムオーバーになり遅れが発生します。
　（タクトタイム＝一日の稼働時間／製品単位の日当たり必要数）
- 逆に工数小が入っている工程では、手待ちが発生します。
　いわゆる同一ラインの中で、各工程に遅れが発生したり、手待ちが発生したりするのでライン全体としては、停まったり進んだりの断続運転になり、流れにならず大きなムダが発生します。

　以上のような問題点を解消するためには、『製品を流す一の単位の平準化改善』が必要になります。
　その代表的な改善策としては、

　　(イ) 盛り合わせ方式　（図表2-8）　と
　　(ロ) 前加工方式　　　（図表2-9)……

　等があります。

(イ)「製品を流す一の単位の平準化改善策」……盛り合わせ方式

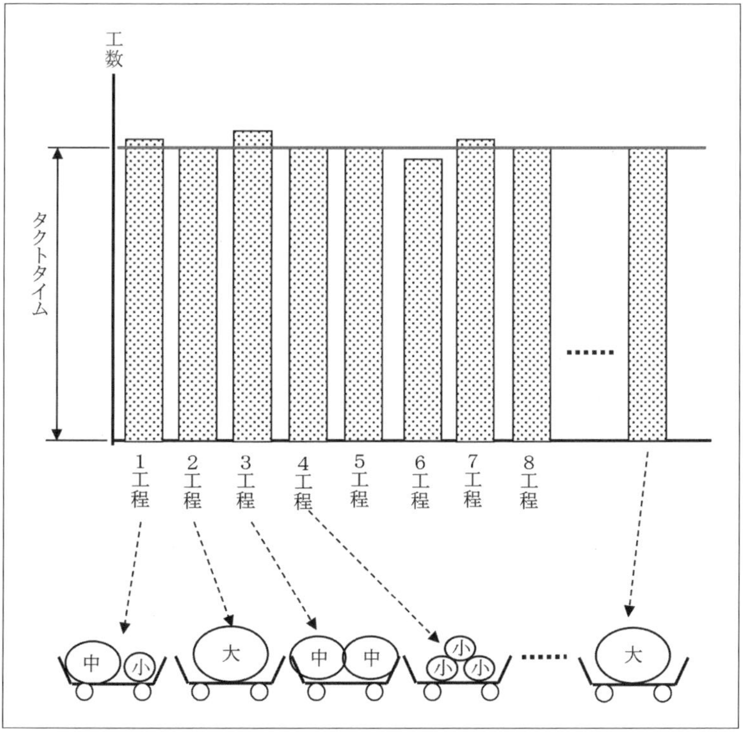

図表2-8　盛り合わせ方式

図表2-8（盛り合わせ方式）の解説

○ 一台車当たりの工数を大に合わせて、中・小を複数個盛り合わせて流す方法です。

図に示すように大は一台車1個に対して、中は一台車2個盛り合わせ、小は一台車3個盛り合わせて流し、一台車当たりの工数を平準化します。

○ この場合のタクトタイムは次の式で求めます。

（タクトタイム＝一日の稼働時間／台車単位の日当たり必要台車

数)

　このようにすることで、図表2-7（平準化改善前）のような断続運転が少なくなり、安定した流れになります。
　但し、「この盛り合わせ方式」は「組立ライン」では通用しても、「板金・プレスライン」では全く通用しない場合が多いです。
　全てのラインに通用するような同一の平準化策を求めることは無理なので、「組立ライン」を中心に「盛り合わせ方式」で負荷積みをして、組立ライン以外のラインの平準化策については、別方式（前加工方式など）を考えなければなりません。

(ロ)「製品を流す一の単位の平準化改善策」……前加工方式

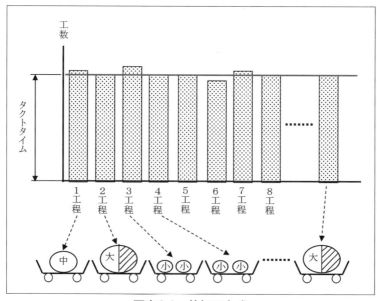

図表2-9　前加工方式

図表2-9（前加工方式）の解説
○一台車当たりの工数を「中」に合わせるべく、「大」については中程度の工数になるまでライン外で前加工しておきます。

○また、「小」については中程度の工数になるように複数個を盛り合わせて流し、一台車当たりの工数を平準化します。

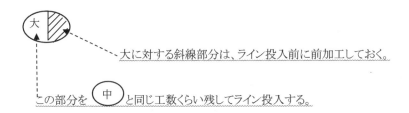

このようにすることで、図表2-8の場合と同じく、安定した流れを得ることが出来ます。

(4) 順序生産における「工程管理のあり方」

「工程管理」とは、どのような品目の製品を生産すべきであるか、そして、その品目にどのような順序で作業をしなければならないかを、計画し、実施していく技法です。

いわゆる、製品の造らなければならない量、場所、時間を計画し、計画通りに効率的に実現していくように統制することが「工程管理」です。

順序生産における「工程管理のあり方」は、

○まず、製品群別に連番決定から出荷までの統一した「基準リードタイム表」を設定します。

これは、製造ラインのペースメーカーとして機能します。
- 次に、出荷日から遡って連番決定日にきたら個々の製品に順番を付けていきます。
- 順番が決まったところで、それを「基準リードタイム表」に載せて、「現品票」を発行し、若連番順に着工をかけていきます。

……ここまでが「工程管理」の**計画**の部分です。

- 「現品票」は、甲・乙２枚発行します。
「現品票（甲）」は、製品現物と一緒に製造現場の工程を流れていきます。
「現品票（乙）」は、「工程管理板」上を移動します。
- 「工程管理板」は、製造現場の生き写しになるように展開します。

このことは、非常に重要なことで、工程管理を成功させる秘訣でもあります。
　いわゆる、製造現場を移動中の「現品票（甲）」と同じ工程位置になるように「現品票（乙）」を「工程管理板」上で移動させます。
　このようにすることで、工程管理者が製造現場に足を運んで確認することなく「工程管理板」を一目見ることで、計画通りに進んでいるのか遅れているのか、また工程途中で順番狂いが発生していないか等が把握でき、早い段階で工程管理者より的確な指示を出すことが可能になります。
　……これが「工程管理」の**統制**の部分です。

それでは次に「基準リードタイム表」・「現品票」・「工程管理板」について、図示し、その運用について詳しく解説しましょう。

(イ) 基準リードタイム表

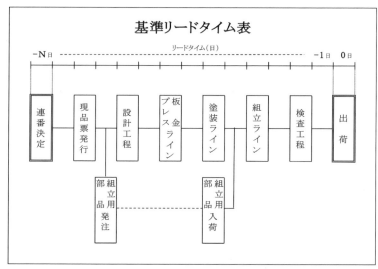

図表2-10　基準リードタイム表

図表2-10（基準リードタイム表）の解説

基準リードタイム表は、着工から完成までのリードタイムの長さが同じ製品群別に作成します。

例えば、

○ 図表2-4（整流ライン）の場合は、A製品・B製品で板金プレス着工から組立完了までのリードタイムが異なるので、製品別に2種類の基準リードタイム表が必要です。
○ 図表2-5（混流＋整流ライン）の場合は、A製品・B製品で板金プレス着工から塗装完了までのリードタイムは同じだが、組立完了までを含めると異なるので、この場合も製品別に2種類の基準リードタイム表が必要です。

○図表2-6（全工程混流ライン）の場合は、全工程に亘って一本ラインで板金プレス着工から組立完了までのリードタイムが同じなので、A製品・B製品共通の1種類の基準リードタイム表になります。

〈基準リードタイムの設定方法〉
　最初に、各工程・ラインの製作リードタイムの標準長さを次式により計算します。

> 各工程・ラインの製作リードタイムの標準長さ
> 　＝タクトタイム×（基準工程数＋基準バッファー数）

　○タクトタイム………1日の稼働時間／日当たり生産必要台車数
　○基準工程数…………着工から完成までの作業工程数
　○基準バッファー数……フルワークバッファー台車数の2分の1数
　　（フルワークバッファー数については、「(6)『後工程引取り方式』（ジャスト・イン・タイムのしくみ）」で説明します）

参考例
「板金・プレスライン」は、一個流しで着工から完成までの作業工程数が30工程、フルワークバッファー台車数が20台と仮定し、1日の稼働時間が460分で日当たり生産必要台車数が40台の場合を例にとって計算しますと、

　○タクトタイム………1日の稼働時間／日当たり生産必要台車数＝
　　　　　　　　　　　460/40＝11.5分
　○基準工程数…………着工から完成までの作業工程数＝30工程
　○基準バッファー数……フルワークバッファー台車数の2分の1数
　　　　　　　　　　　＝20/2＝10

∴「板金・プレスライン」の製作リードタイムの標準長さ
　　＝タクトタイム×(基準工程数＋基準バッファー数)
　　＝ $11.5 \times (30 + 10) = 460$ 分（＝1日）

　基準リードタイム表上の「板金・プレスライン」のリードタイムは460分（＝1日）となります。

　以上のような考え方で他の各工程・ライン（「設計工程」「塗装ライン」「組立ライン」「検査工程」）のリードタイムも同様に計算し、全工程・ラインの合計リードタイムに「連番決定～現品票発行」と「出荷」のリードタイムを加算した総合計のリードタイムが『連番決定から出荷までの基準リードタイム』になります。

　次に、出荷日を0日として連番決定日まで遡った日程表を作成します。
　その日程表に、上記で求めた各リードタイムの工程を割り付けていきます。

　これで、**「基準リードタイム表」**の完成です。

(ロ) 現品表

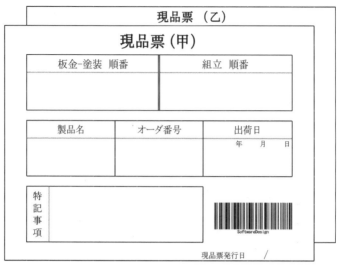

図表2-11　現品表

図表2-11（現品票）の解説

- 現品票の様式は、企業によって自由ですが上図の場合は、図表2-5（混流＋整流ライン）をイメージしたものです。
  混流ラインの部分である板金−塗装ライン用の順番と、整流ラインの部分である組立ライン用の順番と二種類が存在します。
- 現品票（甲）は、製品現物と一緒に製造現場を移動しますが、塗装ラインのようにトンネルに入る工程では製品現物と一緒に移動できませんので、入口で現品票（甲）を外し、出口で再び製品現物に附属させます。
- 現品票（乙）は、「工程管理板」上を製品現物（現品票〈甲〉）と同じ工程位置になるように移動させます。
  但し、「電子式工程管理板」の場合は、現品票（乙）は不要です。

第2章　顧客創造に目線を置いた現場改善の進め方

「工程管理板」については、図表2-12-1（工程管理板）で説明します。「電子式工程管理板」については、図表2-12-2（電子式工程管理板）で説明します。

(ハ) 工程管理板

図表2-12-1　工程管理板

図表2-12-1（工程管理板）の解説

　図表2-12-1の工程管理板は、図表2-4（整流ライン）又は図表2-6（全工程混流ライン）をイメージした、マニュアル式の「工程管理板」です。

　図表2-5（混流＋整流ライン）の工程管理板の場合は、製造現場と同じように組立ラインを「A製品用」と「B製品用」に区別して2列表示にします。

　工程管理板は、先にも述べましたが、製造現場の生き写しになるように運用することがポイントです。

マニュアル式の「工程管理板」の様式は、
- 横軸に、「各工程・ライン名」を、表示します。
- 縦軸に、各工程・ラインの「作業中」と、後工程からの引き取り待ちを示す「バッファー部」を、表示します。
  更に、製品変更や品質手直しなどで、一時的に本ラインの流れから外れて停止中であることを示す「ラインアウト部」を、表示します。

マニュアル式の「工程管理板」の運用方法は、
- 製造現場の管理職が、定時的に自ラインの現品票（甲）を読み取り、工程管理板の設置場所に来て、工程管理板上の現品票（乙）を移動割り付けします。
- このように、マニュアル式の工程管理板は、製造現場の進度をリアルタイムで反映出来ないという欠点があります。
  例えば、現品票（乙）を移動割り付けするインターバルが一時間毎であれば、製造現場と工程管理板に最長一時間のズレが生じることになります。
- また、製造現場の管理職が都度、工程管理板の設置場所に来なければならないという欠点もあります。

第2章　顧客創造に目線を置いた現場改善の進め方

これらの欠点を補って、進化させたものが電子式工程管理板です。そのイメージを、図表2-12-2（電子式工程管理板）で図示します。

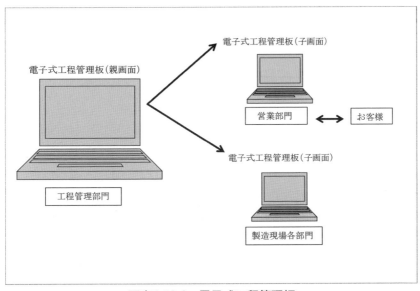

図表2-12-2　電子式工程管理板

図表2-12-2（電子式工程管理板）の解説
電子式工程管理板の様式は、
○原則的に、マニュアル式の「工程管理板」と同じです。
○但し、画面の面積に制限があるため現品票（乙）に相当する部分は、最小限情報（例えば順番）のみを画面に表示し、他の詳細情報は、順番に紐付けられたバック情報で確認するなどの工夫が必要でしょう。

電子式工程管理板の運用方法は、
○現品票（甲）に印字されているバーコードを読み込むことで、情報入力を行います。

○ そのためのバーコードリーダーを、各ラインの着工点と完了点に設置することで、現品票（甲）が各工程の作業中にあるのか、バッファー部にあるのか、また連番狂いが生じていないか、などをリアルタイムで識別できます。
○ 図表2-12-2のイメージ図にあるように、製品現場の各部門に子画面を設置しネットワーク連結することで、工程管理部門から製造現場に対してタイムリーな指示（例えば本日の完了番号など）を出すことが出来ます。
  また、製造現場では、前ラインから流れてくる順番が刻々確認できるので、ジャスト・イン・タイムで次の準備が行えます。
○ 更に、営業部門に子画面を設置しネットワーク連結することで、自分が受注した製品が工場のどこを流れているのかを、何時でも確認でき、その確認位置を図表2-10の「基準リードタイム表」と照合することで、完成予定日を予測することも出来ます。
  従って、顧客に対して正確な進捗情報を提供できます。

(5)「ジャスト・イン・タイム」とは

「**流れるように造る生産システム**」は「順序生産」と「ジャスト・イン・タイム」の2本の柱に支えられて可能になりますと述べました。

　前述の(2)項～(4)項では、その1本の柱である「順序生産」について解説しましたので、(5)項～(7)項ではもう1本の柱である「ジャスト・イン・タイム」について解説しましょう。

「**ジャスト・イン・タイム**」とは、略してJIT（ジット）とも言われ、トヨタ生産方式の代表的な言葉です。

「ジャスト・イン・タイム」のしくみは、スーパーマーケットからヒントを得たもので前出の大野耐一氏は著書の中で次のように述べております。

第2章　顧客創造に目線を置いた現場改善の進め方

『スーパーマーケットから得られたヒントとは、スーパーマーケットを生産ラインにおける前工程とみてはどうかということであった。顧客である後工程は、必要な商品（部品）を、必要なときに、必要な量だけ、スーパーマーケットに当たる前工程に買いに行く。前工程は、すぐに後工程が引き取っていった分を補充する。

　こうしてやっていくと、私どもの大目標である「ジャスト・イン・タイム」に接近していけるのではないかと考え本社工場の機械工場内で昭和二十八年から、実地に応用してみた。』

(『トヨタ生産方式』ダイヤモンド社)

このように、ジャスト・イン・タイムは、過剰在庫を防止する「しくみ」で、言い換えれば、余分な物を造らない、運ばない、置かないという考えですので、在庫削減と同時に、ムダ・ムリ・ムラが削減され、「コストダウン」が図れると同時に「リードタイムの短縮」にも繋がります。

⑹「後工程引取り方式」（ジャスト・イン・タイムのしくみ）

それでは、ジャスト・イン・タイムのしくみの一つである「後工程引取り方式」について、「順序生産」で採用した「板金・プレスライン ― 塗装ライン ― 組立ライン」を例に、図表2-13で説明しましょう。

尚、これは流れる製品が受注生産品で、一個流し生産の場合を想定しております。

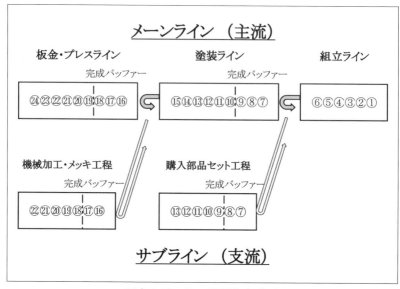

図表2-13 後工程引取り方式

<u>図表2-13（後工程引取り方式）の解説</u>

　組立ラインの製品①が完成しラインオフすると、組立ライン内の仕掛が1台空いて6－1＝5台になるので、前工程である塗装ラインの完成バッファー置場に行って、塗装完成品⑦を引き取り、ついでにサブラインの購入部品セット工程の完成バッファー置場に寄って、部品⑦を引き取って「旅は道連れ」で、組立ラインに入ります。

　一方、塗装ラインは、製品⑩が完成して完成バッファー置場に移動しますと、前工程である板金・プレスラインの完成バッファー置場に行って、板金・プレス完成品⑯を引き取り、ついでにサブラインの機械加工・メッキ工程の完成バッファー置場に寄って、部品⑯を引き取って、<u>塗装ラインに入ります。</u>

　これが、ジャスト・イン・タイムのしくみの一つである『後工程引取り方式』です。

　しかし、「後工程引取り」には次のような問題が隠れております。

それは、組立ラインに対して欠品を生じさせないようにと思うあまり、前工程である塗装ラインや購入部品セット工程が、余分の完成バッファー数（安心賃）を持とうとする問題です。

　この考え方が全工程に亘って広がりますと、工場全体の仕掛在庫数は増えるし、生産のリードタイムも延びるので、ジャスト・イン・タイムの基本的な考え方に逆行することになります。

　従って、その防止策として、各ライン・工程の完成バッファーの最大数（フルワーク）と最小数（ノーワーク）を予め設定しておいて、この範囲内で生産が出来るように調整していく方法があります。

　では、その調整方法について説明しましょう。

　とかく工場ラインは、工数大がラインに入ったり、品質問題が発生したり、ラインマンに欠員が生じたり、などなど、ラインが停滞しがちな要因をはらんでおります。

　そのような要因で後ラインが停滞すると引き取り量は滞り、前ラインの完成バッファー数は増えていきます。
　そして、最大数（フルワーク）近くになったら、後ラインの流れを補強するために、前ラインは後ラインへ作業者を応援に出します。
　ついに、前ラインのバッファー数が最大数（フルワーク）に達してしまったら、前ラインは完成品を置く場所が無くなるので、流れが正常に戻るまで、一時的に前ラインをストップします。

　また、逆に前ラインが停滞すると完成量は滞り、前ラインの完成バッファー数は減っていきます。

そして、最小数（ノーワーク）近くになったら、前ラインの流れを補強するために、後ラインは前ラインへ作業者を応援に出します。
　ついに、前ラインの完成バッファー数が最小数（ノーワーク）に達してしまったら、後ラインは引き取るワークが無くなるので、流れが正常に戻るまで、一時的に後ラインをストップします。

　それを、イメージ的に表したものが図表2-14です。

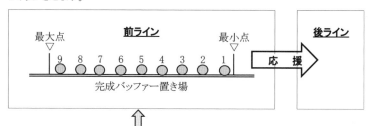

図表2-14　完成バッファー置き場のイメージ

図表2-14（完成バッファー置き場のイメージ）の解説

　完成バッファーが最大数（フルワーク）と最小数（ノーワーク）の近くになったら、自動的に前・後ラインに信号（又は合図）が出るようなしくみを入れ、前・後ラインから作業者の応援を臨機応変に出すこと

で、流れをスムーズにするとともに、工場全体の余剰人員の削減と、仕掛在庫数の増大防止と、生産のリードタイムの延長防止に繋げていきます。

　これを「助け合いのしくみ」と言います。

『後工程引取り方式』は、この「助け合いのしくみ」が必ず入ったものでなければなりません。

　そのためには、

- 前・後ラインから何時でも作業者の応援が相互に出来るように、計画的な「多能工化訓練」が必要です。
  この「多能工化訓練」は、非常に重要で、これ無しでは真のジャスト・イン・タイムは望めません。
  尚、「多能工化訓練」には、二種類があります。
  一つ目は、後工程引取り策として前後ライン間に使われる「異種工程間の助け合い」のための訓練と、二つ目は、整流ライン間の平準化策として並列ライン間に使われる「同種工程間の助け合い」のための訓練です。
- 最大数（フルワーク）と最小数（ノーワーク）の差を、最初のうちは広めに設定しておいて、多能工化の改善を進めていくことで徐々に狭めていき、ゆくゆくはピーンと張ったラインの実現化を目指します。

(7)「かんばん方式」（ジャスト・イン・タイムのしくみ）

　前項では、流れる製品が受注生産品で一個流し生産の場合の「後工程引取り方式」について説明しました。

　ここでは、同じ後工程引取り方式でも標準品を対象にした汎用品生産

の場合に使われる「かんばん方式」について詳しく説明しましょう。

「かんばん」の第一機能は、部品の引き取り指示情報と、生産の指示情報を提供することです。

　つまり、「何を、何時、どれだけ、何処で生産し、何処に運搬したらよいか」という情報が「かんばん」さえ見れば全て分かります。

「かんばん」の第二機能は、「造り過ぎのムダ」の発生を防止することです。

　そのために、現物には必ず「かんばん」を附属します。

　現物と「かんばん」を一致させておけば、「かんばん」枚数以上に余分な生産をすることが出来ません。

「かんばん」の種類

「かんばん」の種類は、その用途によって二つに大別されます。

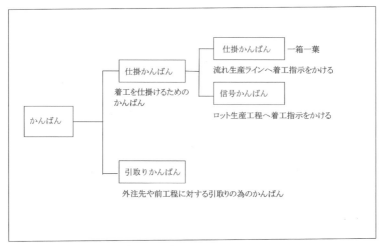

図表2-15　「かんばん」の種類

第2章　顧客創造に目線を置いた現場改善の進め方

　一つは後工程から前工程に引き取りに行くための引き取り指示情報としての「引取りかんばん」と、もう一つは工程の仕掛用に用いる生産の指示情報としての「仕掛かんばん」とがあります。

　『仕掛かんばん』には、機械加工ラインや組立ライン等で使う「仕掛かんばん」と、プレス工程や射出成形工程等のロット生産に使う「信号かんばん」があります。

「かんばん」の運用

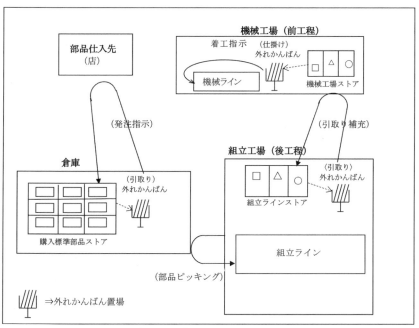

図表2-16　「かんばん」の運用例

　<u>運用の第一原則</u>は、『後工程引取りの原則』と言い、後工程が要るものを、要る時に、要るだけ前工程より引き取ることです（ジャスト・イ

81

ン・タイム)。
- ○ 後工程のストアから現物を消費する場合は、現物に附属してある「引取りかんばん」を外して「〈引取り〉外れかんばん置場」に移し替えます。
- ○ 後工程は、その外した「引取りかんばん」を持って、前工程のストアに在庫してある現物を引き取りに行きます。
- ○ 前工程のストアの現物に附属してある「仕掛かんばん」を外して「〈仕掛け〉外れかんばん置場」に移し替え、現物は持ってきた「引取りかんばん」を付けて引き取ってきます。
- ○ 引き取られた現物は、「引取りかんばん」と共に後工程のストアにストックします。

運用の第二原則は、『前工程補充の原則』と言い、前工程は引かれた分のみ生産することです。
- ○ 外れた「仕掛かんばん」が、前工程の生産指示書の代わりになります。
- ○ 「仕掛かんばん」枚数以上に生産してはなりません。
- ○ 「仕掛かんばん」が外れた順に生産し、部品箱（収容数単位）には、外れた「仕掛かんばん」を再度付けて前工程のストアにストックします。

以降この繰り返しとなりますが、「かんばん」は、こまめに引き取り、こまめに生産の仕掛けをしなければなりません。

第 2 章　顧客創造に目線を置いた現場改善の進め方

「かんばん」の様式

品　　名	接続金具A	生産部署	機械ライン
型　　式	SKA－002-29451	棚 NO	B35
図　　番	30139	容器 NO	中箱
リードタイム	2日	収容数	30個
B0450（バーコード）		かんばん枚数	1/9

図表2-17　仕掛かんばん（一箱一葉のもの）

図表2-17（仕掛かんばん）の説明

○生産部署……「機械ライン」

　品名「接続金具A」を製作する部署名を記入します。

○棚 NO……「B35」・容器 NO……「中箱」・収容数……「30個」

　機械ラインで製作した「接続金具A」を収容数「30個」単位で、容器 NO「中箱」に入れ、その箱に「仕掛かんばん」一枚を添付して自ストアの棚 NO「B35」に在庫します。

○リードタイム……2日

　リードタイムとは、「仕掛かんばん」が外れてから、再製作されて「仕掛かんばん」と共にストアの棚に在庫される迄の日数（2日間）を言います。

○かんばん枚数……1/9

　リードタイム2日の間に、後工程が引き取る個数から次の計算式によって求められます。

$$\text{かんばん枚数} = \frac{\text{日当たり引き取り数量} \times \text{安全係数} \times \text{補充のリードタイム}}{\text{収容数}}$$

○日当たり引き取り数量……後工程が引き取る1日の平均量（120個と仮定）
○安全係数………………平準化波に対する安全率
0.9〜1.1倍の間で振れる場合は安全係数＝1.1とする
○補充のリードタイム………リードタイム（2日）
○収容数…………………前工程が補充（生産）する為の1単位当たり数量（30個）

∴かんばん枚数

$$= \frac{\text{日当たり引き取り数量} \times \text{安全係数} \times \text{補充のリードタイム}}{\text{収容数}}$$

$$= \frac{120 \times 1.1 \times 2}{30} = 8.8 \Rightarrow 9 \text{（かんばん枚数）}$$

尚、図表2-17「仕掛かんばん」の見本は、かんばん総数9枚中の1番目を意味します。

第２章　顧客創造に目線を置いた現場改善の進め方

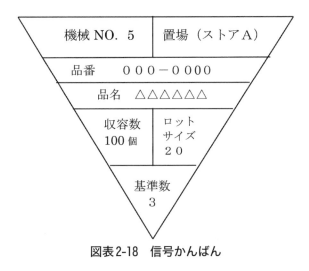

図表2-18　信号かんばん

<u>図表2-18（信号かんばん）の説明</u>
「信号かんばん」は、プレス、樹脂成型、ダイキャストのように一台の機械で多品種の生産をしており、しかも段取り替えに時間が掛かるためにロット生産をしている工程で使う「仕掛かんばん」です。

○ 機械NO……「５」・置場……「ストアＡ」
　これは、前述の「仕掛かんばん」の生産部署や棚NOに相当するものです。
○ 収容数……100個
　一箱に入れる部品の数量100個であり、「仕掛かんばん」の場合は一箱に対して一枚の「かんばん」を添付しましたが、「信号かんばん」の場合は一箱に対して一枚ではありません（詳しくは、基準数の項によります）。
○ ロットサイズ……20収容数
　「信号かんばん」が外れた時、１回のロットで造ることが出来る収容数（箱）の箱数を決めたものであります。

ここで言う「ロットサイズ」20とは、20収容数のことであり、個数は、100個（収容数）×20（ロットサイズ）＝2,000個です。

○ 基準数について……

「信号かんばん」を差し込む位置であり、基準数3とは下から3箱目の上に差し込むことを示します。

後工程は、上の段から1箱ずつ引き取っていき、「信号かんばん」が見えてきたら「かんばん」を外して、前工程（機械 NO. 5）に生産指示を掛けます。

基準数の設定の仕方は、「かんばん」が外れてから、前工程がロットサイズを製作完成するまでの間に、後工程の引き取りによって、在庫がゼロにならない程度の量で設定します。

図表2-18の「信号かんばん」の場合は、前工程がロットサイズ2,000個を製作完成するまでの間の後工程の引き取り数量は250個であったと仮定します。

その場合の基準数は、250/100（収容数）＝2.5⇒3箱となります。

　尚、ロットサイズは、機械にかける品種数や段取り替えの能力などを勘案して決めますが、改善を重ねてロットサイズを小さくしてリードタイムを短縮していけば、基準数も小さくなるため、在庫量が少なくて済み、強い工場になっていきます。

第2章　顧客創造に目線を置いた現場改善の進め方

品　　名	接続金具A		
型　　式	SKA－002-29451		
図　　番	30139		
部品コード		収容数	30個
引取り先	機械工場ストア	かんばん枚数	2/4
棚 No	B35		

図表2-19　引取りかんばん

<u>図表2-19（引取りかんばん）の説明</u>

「引取りかんばん」は、工程と工程をつなぐ「かんばん」であり、仕入れ先からの部品引き取りにも使います。

　内容については、「仕掛かんばん」とほぼ同じです。

　但し、「かんばん」の役目がそれぞれ違います。

　前工程（機械工場ストア）で外れた「仕掛かんばん」の役目は、機械ラインへの生産指示であります。

　後工程（組立ラインストア）で外れた「引取りかんばん」の役目は、前工程（機械工場ストア）からの引き取り指示となります。

⚠ 注意点

　収容数が入った容器から第一個目の品物を取り出すときに、同時に「かんばん」を外す習慣をつけることです。

　それを間違えて、容器から最後の品物を取り出した時に「かんばん」を外すと、欠品につながる恐れがあるので注意を要します。

「かんばん」の特例……「臨時かんばん」

品　名	接続金具A	生産部署	機械ライン
型　式	SKA－002-29451	棚NO	B35
図　番	30139	容器NO	中箱
リードタイム	2日	収容数	30個
B0450		かんばん枚数	1/9

図表2-20　臨時かんばん

図表2-20（臨時かんばん）の説明

「かんばん」で運用している品物を、臨時に増産するときや、機械修理などで造り溜めが必要な時は、「臨時かんばん」を発行して、その分だけの増産をします。

　特に、特急、飛び込みなどの臨時生産品は、営業サイドからの予告を必要とします。

（予告日数＝材料調達日数＋生産日数）

「臨時かんばん」の様式は、「仕掛かんばん」に赤斜め線を入れて使用するので、別名「赤斜めかんばん」とも呼びます。

「臨時かんばん」は増産が終わったら引き揚げて、廃棄するか次回の増産時まで保管しておきます。

3.「製品の品質向上改善」の進め方

1 「製品の品質は工程で造り込む」

　製造業にとって、よい品質の製品を造ることは、何よりも優先する最重要課題であります。

　いくら量を多く造ることが出来ても品質不良品が多ければ売れないだろうし、いくら安く造っても品質不良品があれば、顧客は二度と買ってくれないだろうし、結局会社は損をすることになります。
　忙しいからとか、安くするためにとか、いかなる理由があろうとも品質不良品を市場に出すことは、社会性に反し、会社にとっても命取りになりかねません。
　100％良品を確保するためには、作業者が自分で造ったものが、良いかどうかを自ら検査することが絶対に必要です。
　前工程からは不良品を受け取らない、後工程には不良品を流さないという工程の連鎖体制が『品質は工程で造り込む』ための基本的な考え方です。
　それでは『品質は工程で造り込む』作業とは、どんな作業を指すのか考えてみましょう。
　その答えは、分業化された各工程において、決められた作業条件で「標準作業」を行うことです。
　品質クレームの原因を遡って調べると、「標準作業」通りの作業が行われていなかった場合とか、「標準作業」そのものが設定されていなかった場合の作業に、品質不良が多いものです。
　この事実からも、品質と標準作業は密接な関係にあることが分かりま

す。

(1) 標準作業の設定

「標準作業」とは、よい品質のものを安全に効率よく生産するための仕事のやり方を決めたもので、更に改善していく土台になるものです。
「標準作業」は、新人がやろうとベテランがやろうと、作業時間の差はあるかもしれないが作業内容は同一であるため、最も品質確保がしやすい作業方法であると言えます。
　その「標準作業」の中には、前工程からは不良品を受け取らない、後工程には不良品を流さないという自工程内検査項目が、当然ながら入っていなければなりません。

　その一例としての「標準作業指導書」について説明しましょう。
「標準作業指導書」は人を中心に考えて、一人分の作業内容と安全項目と品質項目を明示したものであり、現場の管理監督者が作業者に標準作業を的確に指導するための基準となるものです。

　また、混流ラインのように流れる製品に種類がある場合は、品種ごとに「標準作業指導書」が必要になります。

　では「標準作業指導書」の様式について、図表2-21で説明しましょう。

第2章　顧客創造に目線を置いた現場改善の進め方

作成日 改訂日	年月日	標準作業指導書		品名		必要数	/日	所属	
作成者	印			品番		タクトタイム	分　秒	氏名	

NO	作業内容	品質		急所 / 作業のコツ （正否・安全・やり易く）	正味時間
		チェック	ゲージ		

図表2-21　標準作業指導書

図表2-21（標準作業指導書）の解説

○ 作成日／改訂日、作成者欄……
　この標準作業指導書を作成（または改訂）した日と、作成した人で普通は現場の管理監督者が作成の任に当たります。

○ 品名、品番欄……
　流れる製品の品名と品番。

○ 必要数、タクトタイム欄……
　上記品番の日当たり必要数とそのタクトタイム。

○ 所属・氏名欄……
　所属のライン名と、この標準作業指導書に基づいて作業する担当作業者名。

○ NO欄……作業順序のことです。

○ 作業内容欄……
　最初に前工程の品質重要項目の検査内容（受け入れ検査）を入れま

す。

次に、自工程の作業の内容を記入します。機械を使用する場合は必ず機番を記入し、「材料を取り外す、取り付け、送りをかける」というように「〜をする」と人の動作を中心に表現します。

最後に自工程の品質重要項目の検査内容（送り出し検査）を入れ、『品質は工程でつくり込む』ことを明確にします。

○品質欄……

品質チェックの回数とチェック方法について記入します。

○チェック欄……

チェック回数について記入します。

1/1……1サイクルごとにチェックする

1/5……5個に1個チェックする

○ゲージ欄……

部品の良否をチェックするのに、どのような測定工具を使用するのかの方法を記入します。

○急所欄……

良い品質のものを正確に、しかもバラツキ少なく造るための急所を具体的に記入します。

いわゆる、「この作業内容を行うのに、どのようにすれば一番効率が良いか」というコツのようなものです。

○正味時間……

それぞれの作業を行うのに必要な所要時間を表すもので、手作業時間に歩行時間を加えたものです。

以上の「標準作業指導書」の特徴は、現場の管理監督者自ら作成していることで、このことは大きな意義があります。

その理由は、過去の実績や知識の積み上げから見ても、現場の管理監

督者が現場の工程を最もよく知っており、自分の部下に「やって見せ、やらせてみて、指導する」直接の指導者でもあるからです。

また、『品質は工程でつくり込む』のに中心的立場にある現場の管理監督者が自ら作った標準作業であれば、それだけ思い入れも強いし、責任感も強くなるからです。

「標準作業指導書」は机上で考えていては、出来ません。
生産現場をよく見て、何度も何度も手直しを加えながら決めていくものです。

また、「標準作業指導書」は、一度決めたらそれでお終いではありません。
標準作業は生きていて、常に未完成であり、いつも作り変えられる課題をもっております。
常に作業改善を心掛け、その改善に基づき改訂していくことが大切です。
いわゆる「改善は無限である」と言われる所以です。
改訂が行われていない古い「標準作業指導書」のままの現場をよく見かけますが、それでは、その現場の管理監督者は改善に対して無能者である、と自ら証明しているようなものです。

(2) 現場の管理監督者の品質役割

現場の管理監督者の品質役割は、「標準化」のサイクルを回すことにより、より良い品質を確保することです。
また、このことは何よりも優先する管理監督者の責務でもあります。

その標準化のサイクルについて図表2-22で説明しましょう。

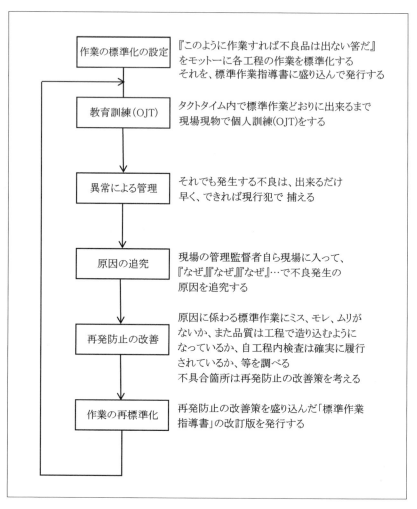

図表2-22 「標準化」のサイクル

 つぎに、「標準化」のサイクルを回していく上で、現場の管理監督者が心掛けなければならないことを、いくつか述べましょう。

一つ目は、常に現場を見る癖を、身に付けることです

　現場をあずかる管理監督者の「土俵」は現場そのものです。

　にもかかわらず雑用を理由に自分のラインを見なかったり、現場に何か困っていることが起こっているのに見て見ぬ振りをしたりすることは、現場のリーダーとして失格です。

　『百聞は一見にしかず』とか『現場は師なり』と言われるように何か起きた場合には、その現場を根気よく見ることです。現場は必ず解決の糸口を教えてくれます。

　逆に言えば、解決の糸口を見つけるまで現場を見ることです。

二つ目は、現場を徹底的に整理・整頓・清掃することです

　品質不良に限らず異常の少ない生産現場は、漏れなく間違いなく整理・整頓・清掃が行き届いております。

　逆に、異常の多い生産現場は乱雑で汚く、整理・整頓・清掃が不十分であるところが多いです。

　整理・整頓・清掃を懸命にやれば、それだけでも品質不良はある程度削減できるものです。

　現場というものは、綺麗にかつ簡潔にすればするほど管理しやすいものであり、異常が発見しやすいからです。

　尚、要らないものを処分することが「整理」であり、欲しいものを何時でも取り出せるようにすることを「整頓」と言います。

　現場の管理監督者は常に整理・整頓・清掃に気を配らなければなりません。

三つ目は、部下とよくコミュニケーションをとって、指導訓練することです

　これは、自分の思ったとおりの標準作業を、部下にやらせるためです。

　部下との人間関係を良好に保つことは、機嫌をとったり、遠慮したりすることではありません。

　部下に、やがては立派な管理監督者に育っていってもらうためにOJTなどを通して教育訓練し、その結果として強い現場に仕上げることこそが、部下から見ても信頼できるリーダーと言えます。

四つ目は、木も見て森も見る精神で、全体的な判断を下すことです

　分業化された現場は、通常「前工程 ― 自工程 ― 後工程」から成り立っております。

　いくら自工程の改善のためとはいえ、前工程や後工程にとってマイナスになるような負担を、単純に押し付けたり、面倒な工程という理由で何も考えずに外注に移行したりすることは、全体的見地から見ての「良い判断」とは言えません。

　管理監督者は自分のラインを経営していると考え、長い目と広い視野で観察し、根本的な考察から、適切な判断を下すことが大切です。

(3) 検査員の品質役割

　生産ラインが不良品を流すと、普通はそれが顧客に渡る前に検査員によって発見され、手直しがされます。

　しかし、不良率が高い生産ラインほど検査の網の目を潜ってしまい、不良品が顧客に渡って品質クレームにつながる確率も高くなります。

　品質クレームが出ると、まず顧客より苦情があり謝罪となりますが、

場合によっては損害賠償まで発展し信用は失われます。
　会社は、二度とこのような品質クレームを出すまいと、検査の厳重化を指示します。
　しかし、いくら検査を厳重にしても不良を発生させる根本の原因を治さない限り、品質クレームは又網の目を潜って世に出てしまいます。
　そうすると、更なる検査の厳重化へと果てしなく繰り返されます。
「この製品は、何回も厳重な検査をしたから値段は高い」などと言うことは、市場では全く通用せず、原価は上がる一方です。

　品質不良を根絶させるために最も重要なことは、その発生原因を突き止めることです。
　真の原因は、不良発見が早ければ早いほど突き止め易くなります。
　我々人間は、前日の食事内容さえ咄嗟に思い浮かばないのに、ましてや数日後に発見される品質クレームに対する真の原因を100％突き止めることは、不可能に近いでしょう。
　したがって、不良の真の原因を確実に突き止めるためには「鉄は、熱いうちに打て」の諺通り、不良発見を早めることが重要です。
　そのためのキーポイントは、生産から検査までのリードタイムを短縮させ検査も流れに乗せることです。
　その意味では、市場に出る前の「社内検査員」の役割は大きいです。
　一般的に検査員の仕事といえば、良品・不良品の判定をして不良品が社外に出ないように排除していく試験官のような存在であると考えている人が殆どでしょう。
　しかし、それだけではありません。
　本来の検査員とは、なぜこのような不良品が造られたのかを現場現物で捉え、その場で生産ラインの担当者を呼び出し原因を突き止め、再発防止を教える家庭教師のようなスタッフとしての責任も担っております。

しかし、不良率が高い現場の検査ほど製品のチェック箇所が多く、良品・不良品の判定に手一杯の状態で残業も多く、原因を突き止め再発防止を教えるまでの余裕がないというのが本音でしょう。

しかし、その現状に甘んじていれば検査員はいつまで経っても多忙を極め、現場の不良体質は改善しないままでしょう。

検査の本来の目的は、不良品をゼロにすることであることを肝に銘じ、早急に不良のABC分析をして重要度の高い不良の順から、計画的にその撲滅（原因を突き止め再発防止の指導）に取り組むべきです。

そうしなければ、生産現場も成長しないし、検査員も良品・不良品の判定のみに追われるだけで、品質不良は改善されず原価だけが高騰し、企業の目的である「顧客を創造する」ことに逆行します。

(4) 品質とタクトタイムとの関係

よく「生産効率を上げてタクトタイムを縮めよ」という言葉を聞きますが、これは大きな間違いです。

タクトタイムというのは、現場で勝手に縮めたり、延ばしたり出来るものではありません。

「タクトタイム＝一日の稼働時間（定時）/一日の生産必要数」の式で表されます。

式の中の生産必要数は営業の受注量や生産計画数によって決定されるものです。

よって、タクトタイムとはラインの人数に関係なく、生産必要数を造らねばならない工程時間のことを言います。

受注量が増えてタクトタイムが短くなったらオーバーしないように作業時間の短縮改善とか、場合によっては作業員の増員も考えなければなりません。

受注量が減ってタクトタイムが長くなったら作業員の少人化改善を

し、余剰人員を内製化取り込みに振り向けるなどを考えなければなりません。

品質不良発生の言い訳に「仕事が忙しくなったので不良が増えた」とか「人が減ったのでその皺が品質に寄った」という言葉をよく耳にします。

作業者は、設定された標準作業を自分のペースで全部やって、それで一サイクルの仕事が完了します。
もしこれがタクトタイムの中で完了しなければ、終わるまでラインを止めて、設定された標準作業を完了させればよいのです。
これをタクトタイムの中にいかに入れるかということを作業者だけに課すのは、全くナンセンスであり、それを解決するのは管理監督者の仕事です。

例えば、ある作業者が標準作業通りにやれば、110秒かかるとします。
この時のタクトタイムが100秒の場合、10秒オーバーすることになります。
このオーバーした10秒分を途中で切り上げることは、言語道断です。
作業者は普通に標準作業をして10秒間ラインを停め、品質の良いものを造ればよいのです。
これが作業者の仕事です。

各工程のムダを省いたり、歩く距離を縮めたりして、普通に作業をしても100秒内で出来るように改善するのは、管理監督者の仕事です。

尚、管理監督者は、ラインを停めることに対して後ろめたい感じを作業者に抱かせないように配慮してやらないと、中々ラインは停まらず、不良発生の温床となりかねません。

　また、タクトタイムを大きくオーバーする場合は、前後の作業者の工数差を見て、作業内容の組み換え等をして、各々がタクトタイム内に入るように作業配分の見直しが必要でしょう。
　いろいろ手を尽くしてもタクトタイムをオーバーする場合は、作業者の増員も考えなければなりません。

　この判断を下すのも管理監督者の仕事です。

2「品質不良を未然に防止する」しくみ

(1) セット供給のしくみ

　組立ラインの品質不良で部品に関わる問題が実に多くあります。
　例えば、「部品の異品取付け」や「部品の取付け忘れ」や「部品の取付けネジに関するミス」など、緊張して作業をしていればあり得ないようなものが多いです。

　その原因は、

- 慣れによる不注意からウッカリしてしまうミス。
- 部品取付けの最中に休憩時間や終業時間がきてしまい作業が中断し、再開時にどこまで作業が進んで中断したのかを忘れてしまって発生するミス。
- 取付けネジ類などを一個一個探しながら組み付けるような場合に、

作業の連続性が失われて発生するミス。

以上のようなミスの防止策として**セット供給**という方法があります。

セット供給とは、組立ラインで必要な主な部品をライン外で集め、生産順序に揃えて組立ラインの先頭から製品本体に付随して供給してやるしくみです（図表2-23を参照）。

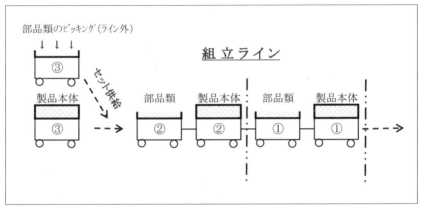

図表2-23　セット供給のしくみ

このようなセット供給のしくみは、品質改善のみならず探すムダの削減にもなり、原価低減にも繋がります。

また、基盤組立のように、似たような多くの小部品を有する精密製品を組み立てるラインへのセット供給は、図表2-24のような仕切りが入ったパレットを用意し、各仕切りに番号を印字しておき、製品本体の図面にも部品の合番号を入れておきます。
　そのパレット仕切りに部品をセットし、お互い番号どうしを合わせながら組み付けていきます。
　また、部品を取り付ける順番も、若い番号順にピッキングするように

1	2	3	4	5	6	7	8
9	10	11	12	13	14	15	16
17	18	19	20	21	22	23	24

図表2-24　セット部品パレット

配慮すれば、細かい類似部品といえども神経を使うことなく、組み付けミスを防止することが出来ます。

　尚、頻繁に使う汎用部品（例えばビス、ボルト、ナット、ワッシャー類）までもライン外で都度セットすれば、その工数だけでも多大になるので、汎用部品はライン台車側に予めストア在庫しておくとよいでしょう。

⑵ ポカヨケのしくみ

「ポカヨケ」とは、「バカヨケ」とも言い『トヨタ生産方式』の用語で、工程内で製品のチェックが自然に出来るようにした不良発見のしくみです。

　ポカヨケのしくみは、不良品、作業ミス、怪我およびその他多くの不具合について、作業者が交代した場合でもいちいち気を配らずとも、それら不具合を自然に取り除いてくれて安定した品質の製品が出来るように考えられたものです。

第2章　顧客創造に目線を置いた現場改善の進め方

具体的に説明しますと、

○作業ミスがあれば、品物が治具に取り付かないしくみ。
○品物に不具合があれば、機械が加工を始めないしくみ。
○作業ミスがあれば、機械が加工を始めないしくみ。
○作業ミス、動作ミスを自然に修復して、加工を進めるしくみ
○前工程の不具合を後工程で調べて不良を止めるしくみ。
○作業忘れがあれば、次の工程が始まらないしくみ。
　例えば、塗装、メッキのような装置ラインは、機械設備の始業前点検や注油などの準備作業が非常に重要で、これを忘れたり手を抜いたりすると品質不良が連続して出てくる危険性があります。
　従って、このような準備作業が完全に完了したことが認められない限り、ライン電源が入らず運転が始まらないようにしたことなどは、まさにこのしくみに該当します。

このポカヨケの方法としては、次のような方式が考えられます。

○**標識方式**………ランプをつけるなど識別することにより見やすくする。
　　　　　　　　ブザーを鳴らすなど音により気づき易くする。
　　　　　　　　以上のように目で見て、音を聞いて発見し易くする方法です。
　　　　　　　　例えば、足踏み式のスポット溶接機で打点数を作業者が数えながらやっていたが、その溶接個数を忘れ、うっかりミスをするなどの不具合が出ていたものを、溶接機の電磁弁にプリセットカウンターを取り付け、予め設定しておいたスポット個数と実際のスポット個数に差異が生じたときは、ブザーが鳴る

　　　　　　方式を採用した。
　　　　　　これなどはこの標識方式に該当します。
　○治具方式………異品は取り付かないようにするとか、作業ミスの時には作動しないようにするなど、治具を工夫する方法。
　○自働化方式……加工途中で不具合がおきたら、機械を自動的に停める方法（この自働化については、後述本章４の「3 自働機を使ったライン作り」で詳しく説明します）。

　実際にポカヨケを考える場合は、よく現場現物を観察して、簡単で確実で最も押さえ易いところを、そして価格も安く造ることが大切です。

3「目で見る管理」のしくみ

「目で見る管理」という言葉も『トヨタ生産方式』の用語です。

「目で見る管理」とは、

　　『管理の対象物を、誰が見ても、一瞬にして、正常な状態か、異常な状態かを正しく判断できるようにすることで、異常処置が的確に行われるように考えられた管理体制』のこと

を言います。

　ここで言う誰が見てもとは、その職場の担当者だけでなく、職場外の人（例えば工場長など）が見ても判るようになっていることです。

<u>一瞬にして</u>とは、いろいろ思考せずに一目見ただけで判別出来るように単純化されていることです。
　<u>正しく判断</u>とは、見る人によってまちまちな判断を起こさせないように分かり易くなっていることです。

　例えば、品質で言えば不良を表面化させ、量で言えば遅れを表面化させ、それを誰が見ても分かるようにしておけば、管理監督者の第一の役目である「現場が異常になったら速やかに正常に戻す」ことも出来易くなります。

「目で見る管理」は、正常に流れている所は見なくてよく、異常になった所のみ、それを中心に手を打っていく管理方法なので、一人の監督者で複数本のラインを受け持つことも可能になります。
　いわゆる管理範囲が増えても対処しやすいしくみと言えます。

　今まで述べてきました「工程管理板」も「かんばん」も「ポカヨケ」も異常検知機能がありますので「目で見る管理」の道具の一種と言えます。

　ここでは、その他に「目で見る管理」の道具の代表的なものとして、

　　(1) 定位置停止装置
　　(2) アンドン　　　　　　のしくみについて説明しましょう。
　　(3) AB制御
　　(4) 生産管理板

(1) 定位置停止装置

　ライン上で、品質トラブルの発生や標準作業の範囲内で作業が終わりそうもないと予見した時など、作業の異常が発生した時には、作業者は「呼出スイッチ」で監督者を呼び出し、応援要請をしたり指示を仰いだりしなければなりません。

　その時点では、ラインはストップせずに進みます。

　そして、タクトタイムに達する前に異常が解決出来れば、「解除スイッチ」を入れます。

　すると、ラインは正常に戻ったと判断して、ストップせずに進行を続けていきます。

　しかし、異常が解決しないままにタクトタイムに達して定位置停止線まで進んでくると、ラインはその線上で自動ストップします（いわゆる「異常で停まる」機能が働きます）。

　このように仕組まれた装置を、「定位置停止装置」と言います。

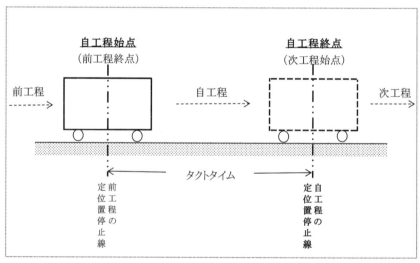

図表2-25　定位置停止

定位置停止の「定位置」とは、サイクリックに仕事を進めるうえで、常に自工程の作業の終点位置を言い、同時に次工程の始点位置のことでもあり、始点と終点間がタクトタイムになります（図表2-25参照）。

定位置停止装置については、次項(2)の「アンドン」と組み合わせて使います（詳細については、「アンドン」の項で説明します）。

(2) アンドン

アンドンとは、現場関係者へのアクションを促すための**電光表示板**で、安全の問題、品質の問題、作業遅れの問題、設備故障の問題、などの異常の発生場所を一目で判読できる「目で見る管理」の装置です。

アンドンが点くということは、点いた工程で標準作業が出来ない異常事態が発生したということです。

非常事態の異常は、即ラインを停めます（非常停止）。
それ以外の異常も、タクトタイム内で解決できない場合には、定位置停止線上まで進んでラインを停めます。

アンドンが点くということは、ラインから助けを求める合図が発せられていることですので、管理監督者は直ぐに飛んでいって、何が起こったのか、その原因が何か、ということを調べ異常処置の手を打たなければなりません。

ラインを停めるということは管理監督者にとっては、大変苦しいことですが、現象だけに誤魔化されずに、その背後にある真の原因を「なぜ」「なぜ」「なぜ」……と繰り返してえぐり出し、これに手を打つこと

が管理監督者の役割であり、長い目で見れば体質の強い現場をつくりあげることに繋がります。

アンドンは、そのための大変有効な手段です。

組立ラインのアンドンの例

代表的なアンドン例として、組立ラインで使われているものを、図表2-26で紹介しましょう。

トラブルの大まかな内容が表示されるように、工夫してある事例です。

アンドンの使い方
○ 運転中は、ライン名（緑地白文字）を点灯させます。
○ 作業者が、呼び出しスイッチを押す（又は、スイッチの紐を引く）
　と、その工程の工程番号（黄地白文字）が点灯し、同時にブザーが

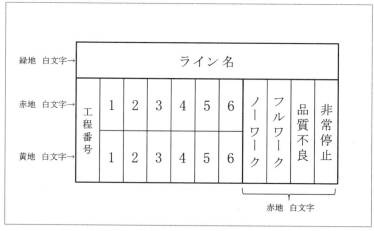

図表2-26　組立ラインのアンドン例

鳴動し、管理監督者に報せます。
- 作業者が管理監督者を呼びたいときとは、タクトタイムに対して作業が遅れそうなときや、前工程から不良が流されてきたとき、機械の故障や工具の調子がおかしいとき、体調不良、用足しをしたい等の異常時です。
- 管理監督者は、素早く駆けつけケースバイケースで判断して処置を施します。
- 管理監督者の処置により、一連の作業がタクトタイム内に終了し、解除スイッチを押す（又は、スイッチの紐を引く）[注4]と、工程番号（黄地白文字）は消灯してラインは停まりません（「(1)定位置停止装置」の項を参照）。
- 定位置停止線までに作業が終わらない場合には、工程番号（黄地白文字）が自動消灯し、代わって工程番号（赤地白文字）が自動点灯し、ラインは、定位置停止線上で停まります（「(1)定位置停止装置」の項を参照）。
- 非常停止は、予期せぬ事態が発生した時などに、ライン非常停止スイッチを押す（又は、スイッチの紐を引く）と、ラインは定位置停止を無視してその場で即停止し、同時に当該表示灯（赤地白文字）が点灯します。
- 品質不良はライン末の検査員が品質不良を発見したら、品質不良スイッチを押して（又は、スイッチの紐を引いて）、ラインを即停止させると同時に当該表示灯（赤地白文字）が点灯します。

 そして、ライン末の検査員は不良発生作業者を呼び出し、現場現物で原因追求と再発防止の手を打ち、それが定着するように教育します。

[注4] 紐スイッチの動作と解除は、同一紐を一回目引いてONで、二回目引いてOFFになるように設定すれば便利です。

○ ノーワーク・フルワークは、ライン前後の自動リミットスイッチの動作により、ラインは定位置停止線上で停止し、同時に当該表示灯（赤地白文字）が点灯します。
これを、AB制御と言います。

AB制御のしくみについては、次項(3)を参照。

(3) AB制御

AB制御とは、ワークが工程から工程に移動する際に、工程内の標準手持量が常に一定量に保持されるように、2カ所（A点、B点）のワークの有無を検知して、各搬送機の動作条件を制御するしくみを言います（図表2-27参照）。

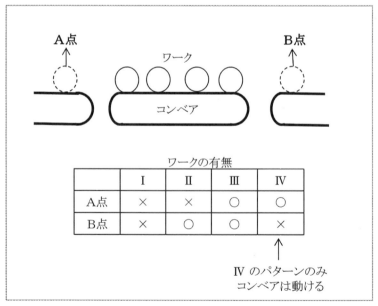

図表2-27　AB制御

○ ワークが有るべき所（A点）にワークが無ければ、引き取れないのでコンベアは動きません。
　これを「ノーワーク」と言います（ⅠとⅡのパターン）。
○ ワークが無いはずの所（B点）にワークが有れば、完成ワークを置く場所が塞がれているのでコンベアは動きません。
　これを「フルワーク」と言います（ⅡとⅢのパターン）。
○ コンベアが動ける条件は、A点にワークが有り、B点にワークがない場合のみです。
　いわゆるこの時のみが工程を前に進めることが出来ます（Ⅳパターンのみ）。

(4) 生産管理板

　アンドンは、時々刻々のラインの正常・異常の状況を教えてくれます。

　一方、生産管理板は時間毎のラインの状況を教えてくれます。

　通常の「生産日報」は、一日単位の総量として計上されますが、これだけを見ていると、問題を見逃し、判断を誤ってしまいます。

　問題点の発見は、早いほど原因の把握が的確になり、対策もし易いものです。

　生産管理板は、各工程やラインの1時間ごとの必要数と生産実績と異常内容などを記録する表示板です。

　管理監督者は、毎時間チェックを行い、計画と実績の差の原因を把握し、異常の再発防止策の実施と改善の効果確認を行わなければなりません。

　では、代表的な生産管理板の様式を図表2-28で紹介しましょう。

生産管理板の使い方

生産管理板は、次のような事柄が分かるようになっていなければなりません。

- その日の稼働状況は、どの程度か。
- 出来なかった理由（原因）は、何か。
- 手を打った内容（改善）は、何か。
- 今日は、残業するかどうか。
- 作業者が、自分たちの努力を確認出来るようになっているか。
  そのためにも、生産管理板の掲示は、ラインオフ位置で作業者も確認することが出来る場所に設置することが望ましい。
- 特記事項欄には、監督者が作業者に安全や品質などの集合教育を行った場合や、その他特別行事などがあった場合は、その概要を簡潔に記入します。

⚠ 注意点

よく見かける生産管理板に、数量欄のみが記入されて、計画未達の場合の「出来なかった理由」や「手を打った内容」欄には、何も記入されていないか、もしくは大雑把過ぎる表現のものが有ります。これでは改善道具としては使えません。
少なくとも「アンドン」が点いて、ラインが停止した原因工程名と理由は、必ず記入するように習慣付けたいものです。

第2章　顧客創造に目線を置いた現場改善の進め方

生産管理板						
ライン名：			タクトタイム＝		月　日（　）	
時間帯	時間分	計画	実績	差	出来なかった理由（原因）	手を打った内容（改善）
9:00〜10:00	60					
10:00〜11:00	60					
11:00〜12:00	60					
13:00〜14:00	60					
14:00〜15:00	60					
15:00〜16:00	60					
16:00〜17:00	60					
17:00〜17:30	30					
残業				← 単位時間当たり生産数量 ← 累計生産数量		

作業者状況	定員人数	名	特記事項
	欠員人数	名	
	応援人数	名	
	本日の総人数	名	

図表2-28　生産管理板様式

4.「製品の原価低減改善」の進め方

1 「原価」とは

　原価とは、『製品やサービスを生産・販売するために消費される価値』のことを言います。

- 原価は、製品の生産・販売という目的のために使われるものに限られます。
  それ以外の財務活動などに使われる費用（支払利息、支払割引料など）や、税法上特に認められている損金算入項目などは、費用であっても原価ではありません。
- 原価は、正常な経営活動上において使われた物やサービスに限られます。
  従って、災害などによって発生する異常な損失費用などは原価ではありません。
- 原価は、**材料費**と**労務費**と**経費**の三つの要素に分類されます。

　仮に、全く同じ製品を各会社で造る場合を想定しますと、完成品に費やす**正味**の材料費や労務費や経費は殆ど大差なく、ほぼ同等になります。
　しかし、利益の出る会社もあれば、利益の出ない会社もあります。
　何故でしょうか。
　それは、原価の中に隠れている**『物の造り方によって発生してくる費用』**が違うからです。

第2章　顧客創造に目線を置いた現場改善の進め方

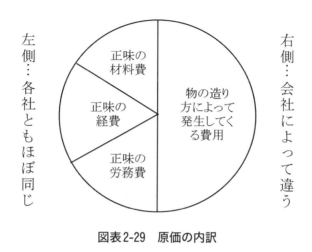

図表2-29　原価の内訳

「物の造り方によって発生してくる費用」の主なものを列挙しますと、

- 歩留まりの取り方によって発生する、材料ロス費用
- 不良発生による、手直し費用
- 製作途中での営業変更発生による、やり直し費用
- タイミングずれから発生する、手待ち費用
- 平準化を無視した為に発生する、余分な外注費用
- 物造りのリードタイムが長いために発生する、在庫管理などの間接費用
- 他に、付加価値を高めない様々な行動から発生する、ムダ費用

……などなどです。

②「原価低減」の考え方

(1) ムダの認識

　製造現場におけるムダとは、「付加価値を高めず原価のみを高める諸要素」を言います。

　ムダを物の造り方から見つけるためには、仕事とムダを見分ける確かな目を持たなければなりません。
　ここで、誰でもわかる仕事とムダを見分けるキーポイントを紹介しましょう。
　それは、

　　『品物の付加価値を高めるのが仕事であり、それ以外の動きは全てムダである』

と、心の中に強制的に位置付けてしまうことです。
　具体的に解説しますと、

　　付加価値を高める時間とは、製品がお金を生み出す方向に向かって**変質・変形**している時間のみであり、それ以外の時間は、たとえ付加価値を高める為の準備作業であろうとも全てムダ

と認識します。
　この認識が改善の原動力となります。
　また、このように考えないと、全て仕事に見えてきて改善の手が出なくなるからです。

例えば、板金工程で鉄板を切断している瞬間や、溶接加工の火花が出ている瞬間は、お金を生み出す方向に向かって**変形**している時間なので、それはまさしく**仕事**です。

しかし、切断機に鉄板を運んだり、溶接道具を揃えたりする時間は、付加価値を高めていない時間なので**ムダ**と考えます。

そのように考えれば、ムダな時間をゼロには出来なくとも、鉄板の置場を切断機の近くへ移し替えたり、溶接道具の置き場を変えるなど、ゼロに近づけようと様々なアイデアが生まれてきます。

また、塗装工程で塗料を吹き付けている瞬間や、焼き付けている瞬間は、お金を生み出す方向に向かって**変質**している時間なので、それはまさしく**仕事**です。

しかし、塗装ラインのハンガーに被塗物を運んできたり、吊り下げたりする時間は、付加価値を高めていない時間なので**ムダ**と考えます。

そのように考えれば、ムダな時間や人をゼロには出来なくとも、二人作業を治具考案により一人作業で出来るようにするなど、ゼロに近づけようと様々なアイデアが生まれてきます。

さらに、組立工程で部品を取り付けている瞬間や、ネジを締めている瞬間は、お金を生み出す方向に向かって**変形**している時間なので、それはまさしく**仕事**です。

しかし、部品をピッキングしたり、ビス・ボルトを揃えたりする時間は、付加価値を高めていない時間なので**ムダ**と考えます。

そのように考えれば、ムダな時間をゼロには出来なくとも、セット供給方式を導入するなど、ゼロに近づけようと様々なアイデアが生まれてきます。

他に、ライン間を繋ぐ製品の運搬作業も、これを排除すれば流れが途

端にストップしてしまうので、一見ムダには見えないものです。

　しかし、いくら時間や人を掛けて運んでも、付加価値を高めないどころか製品への傷の原因にもなるので、運搬そのものを**ムダ**と考えます。

　そのように考えれば、何とか運ばないで済むようにライン間を縮めたり出来ないものかなど、様々なアイデアが生まれてきます。

(2) ムダ排除と労働強化

　ムダ排除の改善をしないで、単に仕事量を増やすことは労働強化に繋がります。

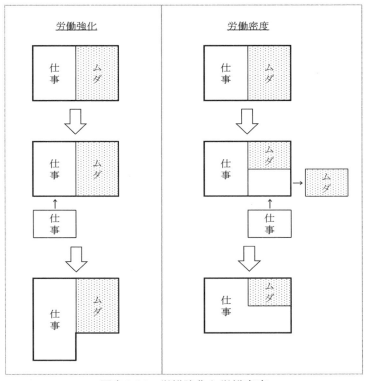

図表2-30　労働強化と労働密度

これに対してムダ排除の改善をして、削減したムダ時間の空きスペースに仕事を入れてやることは、労働強化ではなく、労働密度が向上したと理解すべきです。
　それを分かり易いように図示すれば、図表2-30のようになります。

(3) 工数低減改善の進め方

　工数低減のやり方は、ムダ排除により空き時間をつくり、できた空き時間に他の仕事を埋めるなどして、作業の組み合わせを変更していく方法をとります。
　例えば、AさんからFさんまで6人の作業者がいるラインを想定します。
　そのライン概要は、

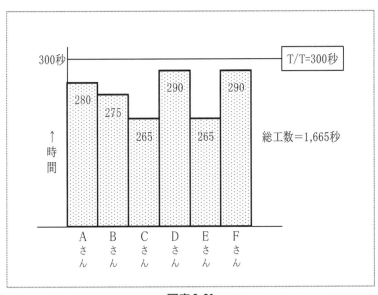

図表2-31

- 日当たり稼働時間 ＝ 480分×60秒 ＝ 28,800秒
- 日当たり必要数 ＝ 96個／日
- タクトタイムＴ／Ｔ ＝ 28,800秒／96個 ＝ 300秒
- 6人の総工数 ＝ 1,665秒（Ａさん～Ｆさんまでの作業時間の現場観測値）

タクトタイムに対して、少しずつ手待ちが発生しています（図表2-31参照）。

このようなライン状態のところへ経営環境が変化し、需要（注文）が増え生産高（数）も増加しなければならなくなった場合の工数低減は、どのようにすればよいかを考えてみましょう。

その時のラインのスペックが、以下のようになったとします。

- 日当たり稼働時間 ＝ 480分×60秒 ＝ 28,800秒（±0秒不変）
- 日当たり必要数 ＝ 105個／日（+9個）
- タクトタイムＴ／Ｔ ＝ 28,800秒／105個 ≒ 275秒（−25秒）

今回は、タクトタイムＴ／Ｔ＝300秒から275秒に25秒短くなりました。

この場合は、ＡさんからＦさんまでの6人の作業の配分を見直し、Ａさんから順にＥさんまでの作業をタクトタイム目一杯まで詰めていきます。

すると、Ｆさんが若干タクトタイムをオーバーします（図表2-32参照）。

Ａ～Ｅさんまでの工数は、275×5＝1,375秒、Ｆさんの工数は、

第2章　顧客創造に目線を置いた現場改善の進め方

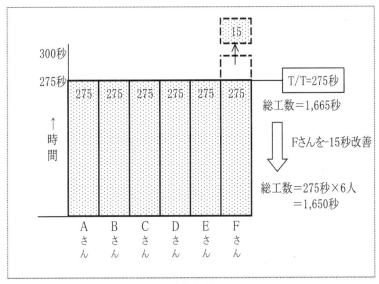

図表2-32

1,665 − 1,375 = 290秒となり、タクトタイムT／T = 275秒に対して15秒分の作業オーバーになります。

Fさんを中心に、部品をそばに持ってきて歩行時間を詰めるとか、治具を改良して持ち替えをなくすとか、工具を使う順に並べて上からぶら下げるなどして、ムダ時間を徹底的に取り除いて15秒分を詰めていきます。

結果として6人の総工数 = 1,665秒 − 15秒 = 1,650秒となります。

6人全員がタクトタイム目一杯の作業になり、手待ち時間は無くなります（図表2-32参照）。

次に、経営環境が逆方向に変化し、需要（注文）が減り、生産高（数）も減らさなければならなくなった場合の工数低減は、どのようにすればよいかを考えてみましょう。

その時のラインのスペックが、以下のようになったとします。

○ 日当たり稼働時間 ＝ 480分×60秒 ＝ 28,800秒（±0秒不変）
○ 日当たり必要数 ＝ 88個／日（−8個）
○ タクトタイムＴ／Ｔ ＝ 28,800秒／88個 ≒ 328秒（+28秒）

今回は、タクトタイムＴ／Ｔ ＝ 300秒から328秒に28秒長くなりました（図表2-33参照）。

この場合も、前述同様ＡさんからＦさんまでの6人の作業の配分を見直し、Ａさんから順にＥさんまでの作業をタクトタイム目一杯まで詰めていきます。

すると、Ａ〜Ｅさんまでの工数は、328×5＝1,640秒、Ｆさんの作

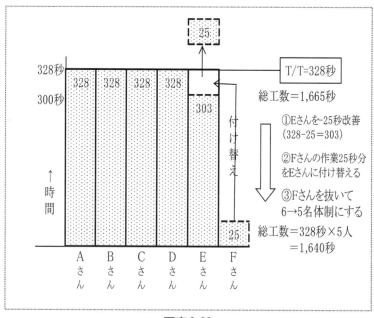

図表2-33

業工数は1,665 − 1,640 ＝ 25秒となります。

　Eさんを中心に、ムダ時間を徹底的に取り除いて25秒を詰めていき、空いたEさんの時間にFさんの作業工数25秒分を取り込みます。

　すると、Fさんを完全に抜くことができ、6人体制から5人体制の少人化ラインが達成できます。

　結果として5人の総工数は、1,665秒 − 25秒 ＝ 1,640秒となります。

　5人全員がタクトタイム目一杯の作業になり、手待ち時間は無くなります（図表2-33参照）。[注5]

　以上、経営環境の変化に対応した工数低減のやり方について説明してきましたが、手待ち時間をつくって作業の組み合わせを変更していくには、作業者の協力なしには出来ません。

　作業者に十分な理解と協力を得るために、次の二点について注意しなければなりません。

　1）作業者には手待ちがあることを納得させることです。
　　図表2-31の場合は、AさんからFさんまで6人全員に手待ちがあります。
　　その手待ち時間を観測するために、作業者には手待ち時間中は、何もしないでその場に立っていてもらうことを指示します。

[注5]　図表2-32ではFさんを中心に、図表2-33ではEさんを中心にムダ排除の改善をして、全員がタクトタイムに入るようにした例ですが、詰める時間が大きい場合などは一人だけのムダ排除の改善では間に合わない場合があります。
　　そのような時は、Eさん→Dさん→Cさん→Bさん→Aさんの順に同様な考え方、方法でムダ排除の改善をして全員がタクトタイムに入るようにしていきます。

たとえば、タクトタイム300秒でラインが回っていて、自分の受け持ち範囲の作業が265秒で終わってしまうＣさんＥさんの場合、あとの35秒は何もせずにライン側に立っていてもらうことです。

そうすれば、自他ともに手待ちがあることが分かり、その分作業を増やしても納得を得られ易くなります。

２）人を減らす場合は、優秀な人から減らしていきます。

　　図表2-33の場合は、Ｆさんをラインから抜くことになります。

　　Ｆさんに相当する作業者をライン内から選定する場合に、往々にして成績の劣る人、使いにくい人や不慣れな人を選ぶ傾向にあります。

　　それでは本人がいつまでたっても成長しないし、モラールの低下にも繋がり、組織の輪も保ちにくくなるので注意を要します。

　　反対に成績の優れた人を選んだ方が、作業者から積極的な協力を得られ易く、選ばれた人も優秀なだけに何処へ配置転換されても適応していきます。

　　会社にとってもその方が遥かに得策です。

　その他、工数低減改善を実践するにあたって、留意すべきレイアウト上の問題があります。

　それらをいくつか述べましょう。

□ 助け合いの問題

　混流ラインの場合など、流す製品の工数が完全に同じではありません。

　従って、流れの平準化をするには、どうしても前後工程からの臨機応変の助け合いが必要になります。

しかし、レイアウト上、助け合うことが出来ない場合がありますので、注意しなければなりません。
　一つの例として、「離れ小島」というのがあります。
　一カ所だけぽつんと離れていて、お互いの作業者に手待ちがあっても、助け合えない状態です。
　他に、作業者が機械に取り囲まれた「かごの鳥」というのもあります。
　これも壁があるため助け合うことが出来ません。
　流れ生産にとって、助け合いの問題は、非常に重要です。
「流れ生産の三要素」に、

　　　1　工程の順番に機械・設備を並べる。
　　　2　隣の作業者同士が助け合えるように、工程間に障壁を設けず自由に往来できるようにする
　　　3　一個ずつ流す

　……とありますように、作業者同士がお互いに助け合えるようなレイアウトにしなければなりません。

□入り口と出口の問題

　工程の入り口と出口を同じところにしておくと、一つ出たら一つ入れるということがやり易くなります。
　こうすることによって、AB制御が容易に出来、工程内の仕掛を一定量に保持することが出来ます。
　一人の作業者が複数の自働機を渡り歩いて加工する場合は、工程レイアウトをコの字とかUの字にして入り口と、出口を一緒にすることで往復だけの空動きを無くし、人の動きのムダも少なく効率のよい作業をすることが出来ます。

以上の説明からも、入り口と出口が離れた長い一本の工程、つまり「行って来いのレイアウト」は、人の動きにムダが出るので良いレイアウトではありません。

③ 自働機を使ったライン作り

(1) 自働機とは

「自働機」もトヨタ生産方式で生まれた代表的な言葉で、通常使われている自動機ではなく、ニンベンのある自働機です。

　このニンベンのある自働機について、前出の大野耐一氏は著書の中で次のように説明しております。

> 『「ニンベンのある自働化」の精神は、トヨタの社祖である豊田佐吉翁（一八六七～一九三〇年）[注6]の自動織機の発明を源としている。
> 　佐吉翁の自動織機は、経糸が一本でも切れたり、横糸がなくなったりした場合、すぐに機械が止まる仕組みになっている。すなわち、「機械に良し悪しの判断をさせる装置」をビルト・インしてあるのだ。したがって、不良品が生産されることがない。
> 〈中略〉
> 　この自動機にニンベンをつけることは、管理という意味も大きく変えるのである。すなわち人は正常に機械が動いているときはいらずに、異常でストップしたときに初めてそこへ行けばよいからである。

[注6] 豊田佐吉（1867－1930）
日本の発明家、実業家で豊田紡織〈現トヨタ紡織〉、豊田自動織機製作所（現豊田自動織機）を創業。
トヨタ自動車㈱の創立者である豊田喜一郎の父親でもある。

だから一人で何台もの機械が持てるようになり、工数低減が進み、生産効率は飛躍的に向上する。』

(『トヨタ生産方式』ダイヤモンド社)

(2) 自働機の目的

　自働機の目的は、流れで物を造る中で、人がやっている仕事を廉価な機械や設備に置き換え「自動停止装置」の改善により、人を機械の見張り番から解放させ、結果として人を減らし**「原価を低減させる」**ことにあります。

　あらゆる異常停止を、全て機械設備メーカーに期待することは無理です。

　従って、機械を使う側（現場サイド）での工夫により、必要に応じて「自動停止装置」を機械に付加してやることが是非とも必要になります。

　それこそが現場の知恵であり改善です。

　ややもすれば、「自動停止装置」の改善に挑戦せず、「不良をロットでつくられては大変だ」とか「高価な機械を壊されてはたまらない」という理由で、異常が起きたらすぐ停止ボタンを押すための見張り番をつけるという、安易な手段を採りがちです。

　これでは、自働機の本来の目的がどこかへ吹き飛んでしまい、原価は下がるどころか機械の減価償却費も労務費もかさみ、却って原価アップになります。

　自働機は「原価を低減させる」ことが目的であることを、常に念頭に置かねばなりません。

　省力化では原価は下がりません。

　省人化して初めて原価は下がります。

(3) 自働機を使ったラインに流す製品条件

○ 自働機を使ったライン作業は、繰り返し性のある作業が大前提になります。
○ 従って、ラインに流す製品は、『かんばん対象品』とか『共通部品』のように標準化された部品類が主なものになります。

(4) 機械の加工能力の検証

　自働機を使ったライン作りの前提として、当該機械が必要数に対して加工能力があるかどうかを、確認する必要があります。
　その手順は、部品別に工程分析を行い「部品別能力表」を作成します。「部品別能力表」とは、「物（部品）の側」から見て必要数に対して加工能力があるかどうかを、検証したものです。
　一例として、A部品の工程分析を行い「部品別能力表」の作成までを、紹介しましょう。

4-1) ライン条件

○ 稼働時間　　　　　460分／日
○ 加工品名　　　　　A部品（2個のネジを組み込んだプレート）
○ 必要数　　　　　　552個／日
○ タクトタイムＴ／Ｔ　＝ 460分×60秒／552個 ＝ 50秒
○ 作業者数　　　　　1名

4-2) ラインレイアウト

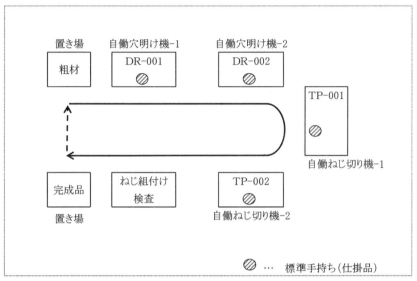

図表2-34

4-3) 加工順序

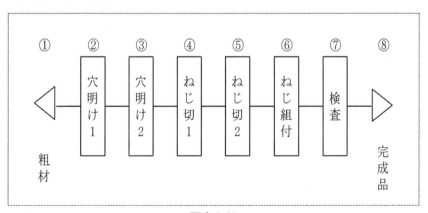

図表2-35

4-4) 作業内容

図表 2-36

	作業内容	手作業	自働送り	歩き
1	粗材をとる	1 秒		
				1 秒
2	DR-001 ワークを取り外し取付送りをかける	6 秒	30 秒	
				1 秒
3	DR-002 ワークを取り外し取付送りをかける	6 秒	30 秒	
				1 秒
4	TP-001 ワークを取り外し取付送りをかける	6 秒	30 秒	
				1 秒
5	TP-002 ワークを取り外し取付送りをかける	6 秒	30 秒	
				1 秒
6	ねじを組付ける（2個）	11 秒		
				0 秒
7	外観検査をする	6 秒		
				1 秒
8	完成品を置く	1 秒		
				1 秒
	合計時間	43 秒		7 秒

第２章　顧客創造に目線を置いた現場改善の進め方

4-5) 部品別能力表

課長	係長	部品別能力表				品番	A001	型式	1562	所属	氏名
						品名	A部品	必要数	552		

工順	工程名称	機番	基本時間			刃具		加工能力 (764)	図示時間	手作業 ―――
			手作業時間	自動送時間	完成時間	交換個数	交換時間			自動送 - - -
			分　秒	分　秒	分　秒	個	秒	個		
1	穴明け 1	DR-001	6	30	36	500	(0.04) 20	765	⊢6⊣ ⊢30⊣	
2	穴明け 2	DR-002	6	30	36	500	(0.04) 20	765	⊢6⊣ ⊢30⊣	
3	ねじ切 1	TP-001	6	30	36	300	(0.1) 30	764	⊢6⊣ ⊢30⊣	
4	ねじ切 2	TP-002	6	30	36	300	(0.1) 30	764	⊢6⊣ ⊢30⊣	
5	ねじ組付		11		11				⊢11⊣	
6	検査		6		6				⊢6⊣	
7										
8										
	合計		41							

図表 2-37

部品別能力表の内容と記入方法[注7]

イ）品番・品名……加工する部品の品番・品名を記入します（A001、A部品）。

ロ）型式…………この部品が使われる製品の型式（1562）。

ハ）必要数………日当たり又は、直当たりの必要数（552個/日）。

ニ）所属・氏名……作成者の所属部署と名前を記入します。

ホ）作成年月日……新規作成の場合は㊩を、従来の物を改訂した場

[注7] 部品別能力表には、「粗材をとる」時間と、「完成品を置く」時間と、「歩行」時間は省略します。

　　　　　　　合は㊝のように○で囲み日付を記入します。
ヘ）工順…………工程に従って部品が加工されていく順序のこと
　　　　　　　で、作業順序のことではありません。
ト）工程名称………部品が加工されていく工程の名称です。
　　○加工能力が不足する場合に、同一加工の機械を２台以上設ける
　　　場合があります。
　　　その場合の工程名称は機械台数分だけ行を変えて記入します。
　　○何回かに１回行う切粉払いや品質チェックなども、10サイ
　　　クルに１回の場合は、(1/10) というように工程名称の欄に
　　　（　）で記入します。
　　○１台の機械で２個取り、３個取りを行う場合は、工程名称の欄
　　　の同一行に（２個取り）、（３個取り）というように（　）で
　　　記入します。
チ）機番…………機械番号のことです。
　　　　　　　同一加工を２台以上の機械を使用して行う場合
　　　　　　　は、行を変えて機械別に記入します。
リ）基本時間………基本的には、部品１個当たりの手作業時間、自動
　　　　　　　送り時間、完成時間の三つを記入します。
　　　　　　　　▪ 但し、２個取り、３個取りのような場合
　　　　　　　　　は、その分の時間を記入し、更にワーク１
　　　　　　　　　個あたりに換算した値を同一行上に（　）
　　　　　　　　　で併記します。
　　　　　　　　▪ 同一加工を２台以上の機械を使用して行う
　　　　　　　　　場合は、行を変えて機械別に記入します。
　　a　手作業時間…………機械からワークを取り外し、取り付け、
　　　　　　　　　　　送りをかけるなど、作業者が行う手作業
　　　　　　　　　　　時間を測定して記入します。
　　　　　　　　　　　但し、歩行時間は除きます。

  b 自動送り時間………機械がワークを加工するために、自動送りが掛かっている時間を測定して記入します。
          尚、自動送りが掛かっている時間とは、起動ボタンを押してから夫々の目的の加工が始まり、完了して原点に復帰するまでの時間を言います。
          自動払い出し機構の付いている機械は、払い出しまでの時間を含めて記入します。
  c 完成時間……………その工程において、1個の部品を完成させるのに必要な時間のことで、一般的には、手作業時間に自動送り時間を加えたものになりますが、実際には、図示時間の所で説明する4種類が原型になります。
  d 基本時間の合計……表下の基本時間の合計欄は、部品1個当たりの手作業の合計時間を記入します。
          2個取り、3個取りのような場合や何回かに1回行う切粉払いや品質チェックなどの手作業時間は、1個当たりに換算した値の合計とします。
ヌ）刃具……………刃具欄は、刃具交換個数と交換時間を記入します。
  a 刃具交換個数………何個加工したら刃具や砥石などを取り替えなければならないかを示すもので、刃具・砥石毎に記入します。
  b 刃具交換時間………刃具や砥石などを一回取り替えるのに必要な時間で、絶えず改善を進めて短縮すべき時間です。

その意味から、何回か時間観測をして、その中での最短時間を記入します。

尚、ワーク1個当たりに換算した刃具交換時間を（　　）で記入します。

ル）加工能力………1日の定時間内で出来る個数のことです。小数点以下は切り捨てます。

$$加工能力 = 稼働時間 / (ワーク1個当たりの完成時間 + ワーク1個当たりの刃具交換時間)$$

○ 例えば、稼働時間460分でワーク1個当たりの完成時間36秒、刃具交換個数500個、刃具交換時間20秒の場合の加工能力は（図表2-37部品別能力表の工順1の例）、

加工能力 $= (460 \times 60)/\{36 + (20/500)\}$

$= 765.81$

$\fallingdotseq 765$ 個/日

○ 同一工程で機械が2台以上ある場合は、別々に機械ごとに加工能力を算出して、その合計個数をもって当該工程の加工能力とします。

オ）図示時間………手作業時間・自動送り時間・完成時間の関係を線で示したもので手作業時間を実線 ├─────┤
自動送り時間を破線 ├- - - - - - -┤ で示します。

〈例〉4つの基本形

手作業時間40秒　自動送り時間1分20秒

イ）直列自働化型　├─40秒─┤- -1分20秒- -┤

ワークをチャッキング後、作業者が起動ボタンを押せ

ば、その後は機械が自動送りにより加工するものです。

この場合の完成時間は……40秒＋1分20秒＝2分00秒です。

ロ）並列自働化型　　40秒
　　　　　　　　　1分20秒

インデックスタイプの機械とかロータリーフライスのように、他の治具の所に取り付けられているワークが、自動送りで切削されている間に、もう一方の治具のワークの脱着が出来るような場合です。

この場合の完成時間は……1分20秒です。

ハ）一部並列自働化型　30秒 10秒
　　　　　　　　　　　1分20秒

研削盤での作業において、ワークの脱着をして自動送りをかけた（30秒）後砥石をワークの加工面に当てる（10秒）ような場合です。

この場合の完成時間は……30秒＋1分20秒＝1分50秒です。

```
┌─────────────────────────────────────────────────┐
│   ニ）非自働化型    手作業                         │
│                    (セット)   見張り(監視)         │
│                    ├──┼──────────────┤          │
│                         自動送り                  │
│                       ├--------------┤           │
│                                                  │
│   人の仕事と機械の仕事を分けることが出来ず、機械が │
│   自動で動いていても側で見張り番のように監視してい │
│   る場合です。                                   │
└─────────────────────────────────────────────────┘
```

(5) 人の仕事と機械の仕事の組み合わせ方法

　図表2-37の部品別能力表で加工能力を検証したら、日当たり必要数と稼働時間から、タクトタイムを計算し、その時間内で作業者が各機械にどのように関わり、どのような順序で作業をしていけばよいかを考えます。

　その場合、簡単なものであれば、部品別能力表をそのまま使うことも出来ますが、少し複雑な工程になると、作業順序を決めていく上で、この機械はすでに自動送りが終わっているのかどうかを、時系列表にして見ないと分からない場合が多くあります。

　そのために、時間的な経過の中での<u>人の仕事</u>と<u>機械の仕事</u>の組み合わせを見えるようにした**「標準作業組合せ票」**を使用します。

　「部品別能力表」は、「物の側」から見たものですが、「標準作業組合せ票」は、「人の側」から見たものです。

　一例として、ここでも「(4)機械の加工能力の検証」の項で採用しました、同じA部品の工程分析から、人の仕事と機械の仕事を組み合わせた「標準作業組合せ票」を紹介しましょう（図表2-38を参照）。

第2章　顧客創造に目線を置いた現場改善の進め方

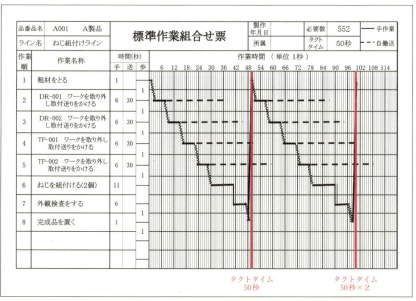

図表2-38

標準作業組合せ票の内容

イ）品番・品名………部品別能力表の品番・品名と同じです。

ロ）ライン名…………部品を加工するラインの名称です。

ハ）必要数……………1カ月の必要数量を稼働日数で割った数量で表します（部品別能力表に同じ）。

ニ）タクトタイム……部品1個を『何分何秒毎に造らなければならないか』という時間のことで、稼働時間を一日の必要数で割った時間で表します（460×60/552＝50秒）。

ホ）作業順……………作業を行っていく順序のことで、物が造られていく加工順序のことではありません。
作業者が物を運んだり、機械に物を取り付けたり、取り外したりする作業の順序です。

へ）作業名称………機械番号（機番）と手作業の内容を表します。
　　　　　　　　　例えば、「機番○○○のワークを取り外し、取り付け、送りをかける」……など。
　　　　　　　　　1台の機械で2個取り、3個取りのような場合は、（2個付け）（3個付け）などと（　）で表示します。
ト）時間……………部品別能力表の手作業時間と自動送り時間と、工程間を移動する歩行時間の3種類の時間を表します。
チ）作業時間………手作業時間を太実線で自動送り時間を太点線で、工程間を移動する歩行時間は、波線で表します。

　以上、標準作業組合せ票の内容について解説しましたので、次に、この標準作業組合せ票の記入方法について説明しましょう。

標準作業組合せ票の記入方法
イ）タクトタイムに赤線を引く
　時間軸のタクトタイムの時間に、赤線を引きます（原則として、2タクトを図示します）。

ロ）一人当たりの作業範囲を決める
　赤線で示したタクトタイムにほぼ等しくなるように、部品別能力表から求めた手作業時間の合計に、歩行時間の合計を求めて、一人当たりの作業範囲を決めます。
　いわゆる、一人の作業者がどこからどこまでの工程を受け持てば、タクトタイム内に収まるかを求めます。

ハ）時間欄に記入する時間について

部品別能力表から手作業時間と自動送り時間を、標準作業組合せ票の時間欄に転記します。

歩行時間は、部品別能力表には示されておりませんので、時間観測をして、その時間を標準作業組合せ票の歩行時間欄に記入します。

また、最初の「粗材を取る」と最後の「完成品を置く」という手作業時間も、部品別能力表には示されておりませんので、これも時間観測をして、その時間を標準作業組合せ票の手作業時間欄に記入します。

二）最初の作業を決める

標準作業組合せ票では、原則的に最初の作業名が「粗材を取る」になります。

しかし、作業を進めていく順序が必ずしも部品別能力表の工程順序どおりとは限りません。

稀に、工程の逆から作業を進める場合もあります。

その場合の最初の作業名は「完成品を置く」になります。

作業時間軸には手作業時間を実線で記入し、スタートします。

ホ）二番目以降の作業を決める

通常は、部品別能力表の工順1が二番目の作業になります。

作業時間軸には、部品別能力表の図示時間欄から転記します。

工程から工程への歩行時間は、波線 〰〰 で斜めに表示します。

三番目以降の作業も、同様にして決めていきます。

ヘ）作業の組み合わせが成立するかを調べる

a　1サイクル目の作業が完了すると、最初に戻って、2サイクル目の作業に入ります。

1サイクル目の終了位置が、タクトタイムの赤線の手前であれば、作業量が少ないので他の作業を加えることが出来ないかを検討します。
　逆に、1サイクル目の終了位置が、タクトタイムの赤線を超えていれば、タクトタイムのオーバーになり、生産量未達か残業になりますので、個々の作業の見直し改善により、赤線を超えた分だけ短縮出来ないかを検討します。
b　1サイクル目の自動送りの点線が長く、2サイクル目の同じ行の手作業時間にぶつかるようであれば、自動送りが終了するまで、2サイクル目の始めに手待ち時間が発生することになります。
　これは、タクトタイムのオーバーの原因になりますので、作業順序の見直し改善が必要です。
　例えば、次の行の自動送りが早く終わっていれば、その行の手作業を行ってから先の行に戻るなどの対策を考えます。
　ただし、進んだり戻ったりの歩行時間が増えますので、待ち時間と歩行時間の兼ね合いから、どちらを選択するか、それとも、個々の作業の見直しをした方がよいのか、ここは改善のポイントになります。

ト）作業順を記入する。
　組み合わせが出来たら、最後に図示したものに基づいて、作業順の欄へ番号を記入します。
　上記bのように作業順序の見直し改善をした場合の作業順は、上の行から1・2・3……と整列しない場合もあります。

第2章　顧客創造に目線を置いた現場改善の進め方

標準作業組合せ票の色々な図示例

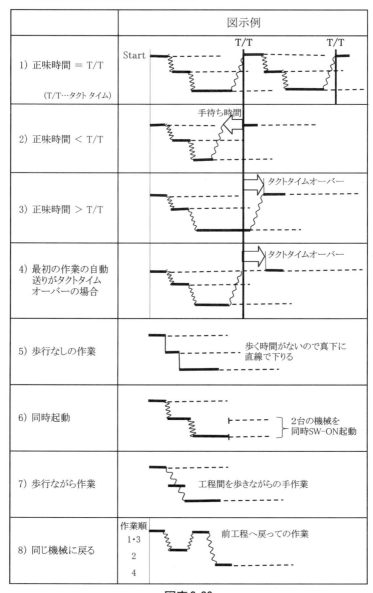

図表2-39

(6) 標準作業の確立

　前項までに、自働機を使ったライン作りの手順として「機械の加工能力の検証」や「人の仕事と機械の仕事の組み合わせ方法」について説明してきましたが、これらは最終的に『**標準作業**』を確立するための準備作業であります。

「標準作業」とは、現場が効率よく生産を上げていくための拠り所となり、現場の監督者が自分の工程を管理する基礎になり、さらに改善の土台となるものです。

　その標準作業は『標準作業票』に記入され、工場の各作業現場の見やすいところに掲示し、新しい作業者が初めて作業する場合の指導書となります。
　また、ベテランの作業者がその作業に慣れて、標準外れの作業をしないようにするための歯止めにもなります。

　標準作業票は、人の仕事と、機械の仕事の組み合わせを集約したもので、

　　○タクトタイム
　　○作業順序
　　○標準手持ち

の三つの要素から成り立っており、どの一つが欠けても成り立ちません（標準作業の三要素と言う）。
　一例として、図表2-38の標準作業組合せ票（ねじ組付けラインの品番A001、品名A製品）の「標準作業票」を紹介しましょう（図表2-40

第２章　顧客創造に目線を置いた現場改善の進め方

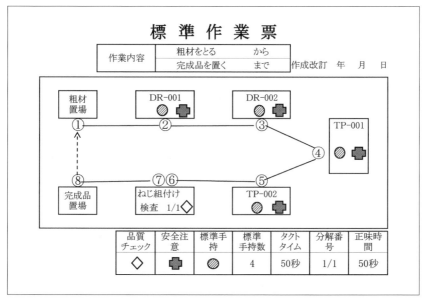

図表2-40

を参照)。

<u>標準作業票の記入方法</u>

イ) 作業内容

　一人の作業者の作業範囲を示すものであり、標準作業組合せ票の最初と最後の作業名を記入します。

ロ) 機械配置と作業順序

　○機械配置と機番を記入します。
　○作業順序の番号と作業導線を記入します。
　　最後の作業から最初の作業へ戻る線は、矢印のついた点線とします。

ハ) 品質チェック ◇

　品質チェックが必要な工程には、何個に1個チェックするかの頻度を1/nで記入します。

ニ) 安全注意 ✚

　原則として自働機には、緑安全の十字記号を記入します。

ホ) 標準手持ち ◎

　標準手持ちとは、作業順序に従って作業していく場合に、繰り返し同じ手順・動作で作業が出来るように工程内に持つ最小限の仕掛品のことを言い、機械の中また機械間など、実際に置かれる位置に記入します。

　標準手持ちは、作業を加工工程の順序に沿って行う場合には、それぞれの機械に取り付いた物だけの手持ちが有ればよく、工程間には手持ちを持ちません。

　しかし、同じ機械配置であっても、作業を加工工程の逆の順序に行う場合には、機械に取り付いた物の手持ちのほかに、各々の工程間にも手持ちが必要になります。

　また、標準手持ちの特例として、品質チェックのために何処と何処に何個必要とか、ある一定の温度に下げるため何個必要とか、ワークについた油を切るために何個必要……というような場合にはその分も標準手持ちに含めます。。

ヘ) タクトタイム

　標準作業組合せ票で算出したタクトタイムを記入します。

ト) 正味時間

　作業順序どおりに1サイクルの作業を行った場合の時間値で、標準

作業組合せ票の手作業時間と歩行時間を加えたものを記入します。原則として、数回の時間観測を行ったうちの最小時間値を「正味時間」として採用します。

また、何回かに１回行う測定や刃具交換などの作業は、正味時間に含めません。

(7) 作業要領書の作成

前項で説明しました「標準作業票」は、作業の順序などを定めた重要なものですが、これだけでは、実際に一日を通して作業を進めることはできません。

いわゆる、一日の中でやらねばならない色々な種類の作業に対して、その種類ごとの内容や作業方法を身に付ける必要があるからです。

その作業の種類とは、

○ 機械操作作業
○ 刃具交換作業
○ 段取り替え作業
○ 部品の加工
○ 組付け作業

……など、です。

それらを補完するのが「作業要領書」です。

「作業要領書」は、工程毎にそして作業の種類別に作成して、担当作業者に与えられます。

この「作業要領書」は、作業者が色々な種類の作業を行うに当たり、「安全に」「正確に」しかも「早く」行えるように、科学的見地から考えて作られた作業手順書でなければなりません。

そして、作業者が見て読んで確実に守られるように、具体的に丁寧で分かり易く、且つ詳細に記入する必要があります。

次に、一般的な作業要領書のフォーマットを図表2-41で紹介しましょう。

作業要領書の記入方法

イ）作業の種類

対象作業名を記入します。

（例）○○機械の操作、○○機械の刃具交換……など。

ロ）ライン名

××加工ラインとか、○○組付ラインなどと、ラインの名前を記入します。

新 改　　年　　月　　日　|　頁/全

課長	係長	作業の種類	作業要領書	ライン名		所属	氏名
				工 順	機番		
				工程名			

No	作 業 内 容	急所(正否・安全・やり易く)	見 取 図

図表2-41

ハ）工順・機番・工程名・所属・氏名

部品別能力表から転記します。

ニ）No

作業を進めていく手順で1・2・3……と記入します。

ホ）作業内容

手順No毎に、各要素作業の内容を記入します。

その場合、複雑な表現は出来るだけ避けて、簡明な表現で「何々を何々する」というように記入します。

注）ゲージなどによる測定が含まれていたら、それも記入します。

ヘ）急所

急所には、正否・安全・やり易くの3条件があり、それぞれの仕事を科学的に分析し、測定し、安全に、正確に、しかも速くやれるようなキーポイントを記入します。

注）急所の3条件とは、次のことを言います。
- 正否…………仕事を成功させるか、失敗させるか、を左右する正否に繋がる境界事象。
- 安全…………仕事をするにあたって、怪我を回避するための動作、方法。
- やり易く……仕事をやり易くするための、コツ、手際、勘所、ちょっとした特別な知識など。

ト）見取図

作業内容や急所は、言葉だけの表現では、なかなか伝わりにくい場合が多いです。例えば、ワークの位置・ワークの置き方・ワークの機械への取り付け方法などは、図で説明した方が分かり易くなりま

す。

(8) 自働機への改善手順

自働機への改善を進める場合の順序は次の通りです。

第1ステップ

改善前の人の動きと、機械の動きの作業時間を観測し、「標準作業組合せ票」に記入します。

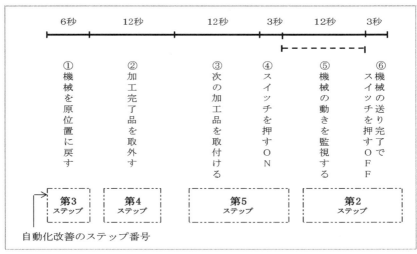

〈作業時間の観測表〉

第２章　顧客創造に目線を置いた現場改善の進め方

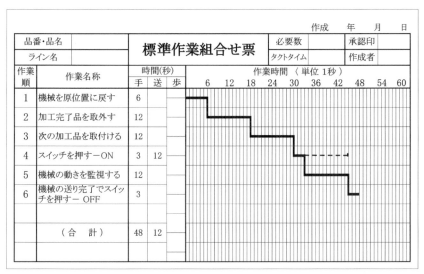

図表2-42

第２ステップ

　機械の送り完了で「自動停止」させる改善をします（自動停止時間はゼロ秒とします）。

　作業者は、機械の動きを監視する必要が無くなります。

　従って、機械の送り時間分を、ほかの仕事に振り向けることが出来ます（図表2-43を参照）。[注8]

[注8]　自動送り（－－－－）の内訳……自動送り12＋自動停止0＝12秒。

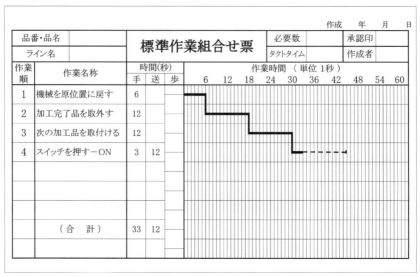

図表2-43

第3ステップ

　機械を原位置に「自動復帰」させる改善をします（自動復帰時間は2秒とします）。

　人の作業は、加工完了品の取り外し、次の加工品の取り付け、スイッチ押しだけになります（図表2-44を参照）。[9]

---

[9]　自動送り（－ － － －）の内訳……自動送り12＋自動停止0＋自動復帰2＝14秒。

第２章　顧客創造に目線を置いた現場改善の進め方

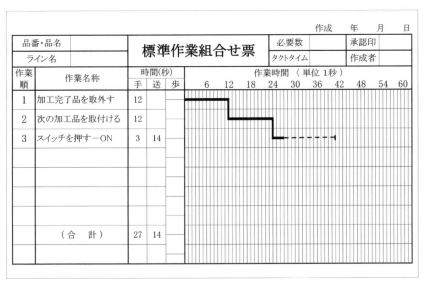

図表2-44

第４ステップ

　加工完了品の取り外しを「自働化」させる改善をします（自動取外し時間を1秒とする）。

　人の作業は、次の加工品の取り付け、スイッチ押しだけになります（図表2-45を参照）。[注10]

注10) 自動送り（━ ━ ━ ━）の内訳……自動送り12＋自動停止0＋自動復帰2＋自動取外し1＝15秒。

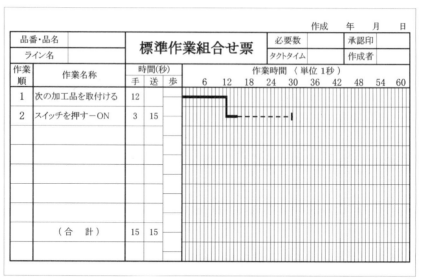

図表2-45

第5ステップ

次の加工品の取り付けと起動を自働化させる改善をします。

これで人の作業はなくなり、完全自動化が達成されます。

第3章

現場改善と損益との関係

第3章　現場改善と損益との関係

1. 章のはじめに

　第1章の「現場改善導入に当たっての基本的な考え方」では、利益について次のように述べました。
『利益とは、事業の目的である顧客創造に向かって行った、「マーケティング活動」や「イノベーション活動」や「生産性向上活動」を行って得た結果である。
　しかも、その成果を測定することが出来るただ一つの尺度が、利益でもある』
　本章では、生産性向上活動である「現場改善」が生み出した利益額を求める方法について解説します。
　その方法とは、

　　　前期に比較して当期は現場改善によって成長したのかそれとも後退
　　　したのかを、管理会計による変動損益計算書の限界利益の差額から
　　　分析すること

で、明らかにします。
　尚、管理会計による変動損益計算書とは、経営計画を立案したり、損益構造を分析したりするための社内用の業務管理ツールとして一般的に使われているものです。

　工場の「現場改善と損益との関係」を明らかにするための手順は、変動損益計算書を部門別に作成することから始め、次のようになります。

1）最初に管理会計による「製造部門の変動損益計算書」を作ります。
　その作り方は、決算書から求めた財務会計の「損益計算書」とその添付書類の「製造原価報告書」を組み替えて作ります。

2）次に製造部門の変動損益計算書から工場別に展開した「工場別の変動損益計算書」を作ります。

3）その工場別の変動損益計算書から個別の工場を抜き出して前期実績と当期実績が比較できるように2期分を併記した「××工場の比較変動損益計算書」を作ります。

4）比較変動損益計算書から当期実績と前期実績の差を読みとり、その差額の中を工場管理可能分と工場管理不可能分に分けた「比較変動損益計算書（差額分析用）」を作ります。
　その計算書から、限界利益差額内の工場管理可能分を分析して、「工場従業員の人員差数から生み出された損益」と「現場改善による工数低減から生み出された損益」を求めて、現場改善と損益との関係を検証します。

2.「変動損益計算書」を作る

1「製造部門の変動損益計算書」の作成

　製造業の場合の変動損益計算書は、有価証券報告書（又は決算書）の中にある「損益計算書」とその添付書類の「製造原価報告書」を使って作成します。

(1) 財務会計の「損益計算書」を見る

　企業の経営成績とは、利益（または損失）のことであり、企業が一年間にどのように活動して、その結果いくらの利益（または損失）が生み出されたかを、明らかにしなければなりません。
　これを表した会計資料が財務会計の損益計算書です。
　この損益計算書は、ほかの財務諸表と共に株主、債権者、税務署、監督官庁など各関係機関に報告しなければなりません。
　これは法律で義務付けられております。
　それでは、実際に企業が提出する損益計算書と製造原価報告書の例を図表3-1で説明しましょう。

(2) 管理会計の「変動損益計算書」の作り方

〈管理会計について〉
　先ず、管理会計について解説しましょう。
　管理会計とは、経営管理に役立つことを目的とした企業会計のことで、企業内部の経営管理者を対象にして、マネージメント支援するもの

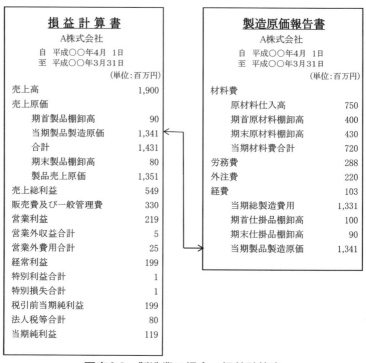

図表3-1　製造業の場合の損益計算書

です。

　管理会計は、利益管理会計と原価管理会計に大きく分けられ、利益管理会計は計画や予算を策定して目標利益を確保しようとするものであり、原価管理会計は標準原価システムを導入して、目標原価に到達しようとするものです。

　変動損益計算書は、利益管理会計のツールで、会社の中で使うわけですから、財務会計と違い法律的な制約はありません。

〈変動損益計算書について〉

　では変動損益計算書作成の基本的な説明をしましょう。

変動損益計算書では、費用を「変動費」と「固定費」の二つのカテゴリーに分類します。

○変動費……売上高の増減と相関関係にある費用
○固定費……売上高の増減に関係なく、ほぼ定額で生ずる費用

製造業の場合の具体的な勘定科目としては、

	変動費	固定費
売上原価	製造費用のうち、 ○材料費 ○外注費	製造費用のうち、 　変動費以外のもので、通常の事業活動から生ずる費用
販売費 一般管理費	○運送費 ○梱包費 ○販売手数料	販売費・一般管理費のうち、 　変動費以外のもので、通常の事業活動から生ずる費用

商業の場合は、売上原価は全て変動費になります。

製造業の場合は、売上原価の製造費用のうち材料費と外注費は、製品の生産数量と比例関係にあるので変動費として扱います。
材料費と外注費以外の製造費用（労務費や、水道光熱費、減価償却費などの経費）は、固定費として扱います。
しかし、「労務費」の中の時間外手当（残業代）や、「水道光熱費」などは、売上高の増加に伴って増加する性質があるので、厳密に言えば変動費の要素も含まれておりますが、実務上は固定費として扱うのが一般的です。

変動損益計算書の特長は、何といっても売上高、費用、利益の関係を

単純化させている点にあります。

　もちろん費用と言っても変動費と固定費があり、利益と言っても限界利益と売上総利益の概念があります。

　売上高と変動費と限界利益は、相関性が高く次式のような関係にあります。

　　○変動費率　＝変動費／売上高
　　○限界利益　＝売上高－変動費
　　○限界利益率＝限界利益／売上高＝（売上高－変動費）／売上高＝１－
　　　　　　　　変動費率

　売上高が予測できれば、限界利益もある程度予測できるというメリットがあります。

　従って、変動損益計算書を用いることで、利益計画書や予算書の作成が容易に出来ます。

⑶「製造部門の変動損益計算書」を作る

　部門が会社の業績に対して貢献しているか否かを判断するには、変動損益計算書を部門別に区分して作成してみるとよいでしょう。

　「現場改善」は、工場現場の改善ですので、その責任部門は工場になります。

　一般的な工場の変動損益計算書は、営業収益に「生産高」を計上し、営業費用に「製品製造原価」を計上して損益計算をしているのが殆どです。

　しかし、「生産高」は、顧客が買い上げたものばかりではないので、本書で定義した現場改善の目的である「顧客創造」に直接結びついているとは言えません。

従って、本章の工場の変動損益計算書では、営業収益に顧客が100％買い上げた「売上高」を計上し、営業費用に「製品売上原価」を計上して損益計算をします。

工場は製造部門の中にありますので、先ず「製造部門の変動損益計算書」を作成し、それを各工場に振り分けて「工場の変動損益計算書」に結び付けていきます。

それでは、製造部門の変動損益計算書の作成ポイントから説明しましょう。

イ）「売上高」については「財務会計の損益計算書」の売上高をそのままスライドして使います。

ロ）財務会計の製造原価報告書の「当期総製造費用」の中味を変動費と固定費に分類します。
基本的には、「当期総製造費用」の中の材料費と外注費が変動費で、残りは固定費にします。
　「固定費」＝当期総製造費用－（材料費＋外注費）

ハ）「当期総製造費用」は、1年間で製造した製品の原価の総合計であり、期首も期末も在庫が無く全て売れれば、「損益計算書」に載っている「製品売上原価」とイコールになります。
しかし製造したものが、全てその期の内に売れるとは限らず、製品在庫とか仕掛品在庫として残るのが一般的です。
「売上高」に対応する原価は、売上原価ですので、製品在庫や仕掛品在庫に含まれている変動費と固定費を抜き出して、ロ）で分類した変動費と固定費に組み入れてやらねばなりません。
その組み入れてやる費用を「棚卸資産の変動費分（期首－期

末)」・「棚卸資産の固定費分（期首－期末）」と呼びます。

ニ）この「棚卸資産の変動費分（期首－期末）」・「棚卸資産の固定費分（期首－期末）」を求める手順として、まず「棚卸資産（変動費）」・「棚卸資産（固定費）」を求めます。
　そのためには、「当期総製造費用」の中に占める変動費の割合から求めていきます（以下参照）。

製品棚卸資産の場合

$$\left\{\begin{array}{l}\circ 製品の変動費の割合\\\quad =\dfrac{「当期総製造費用」の中の変動費（材料費＋外注費）}{「当期総製造費用」}\\\circ 「製品棚卸資産（変動費）」＝製品の変動費の割合×製品棚卸高\\\circ 「製品棚卸資産（固定費）」＝製品棚卸高－「製品棚卸資産（変動費）」\end{array}\right.$$

以上の「製品棚卸資産（変動費）」・「製品棚卸資産（固定費）」について図表3-1（製造業の場合の損益計算書）の事例にあてはめて計算すると、次の値を得ます。

$$\left\{\begin{array}{l}\circ 製品の変動費の割合 =\dfrac{720+220}{1331}\fallingdotseq 0.706\\\circ 「製品棚卸資産（変動費）」＝0.706\times 90=63\cdots\cdots 期首\\\qquad\qquad\qquad\qquad\qquad 0.706\times 80=56\cdots\cdots 期末\\\circ 「製品棚卸資産（固定費）」＝90-63=27\cdots\cdots 期首\\\qquad\qquad\qquad\qquad\qquad 80-56=24\cdots\cdots 期末\end{array}\right.$$

第3章　現場改善と損益との関係

仕掛品棚卸資産の場合

　仕掛品棚卸資産の場合は製品棚卸資産の場合と違い、半完成品です。

　材料費は工程の最初の内に投入されますが、加工費は工程の進捗度を考慮しなければなりません。

　ここでは、加工費をすべて固定費と仮定し、進捗度を50％としてみます。

$$\begin{cases} \circ \text{仕掛品の変動費の割合} \\ \quad = \dfrac{\text{「当期総製造費用」の中の変動費（材料費＋外注費）}}{\text{「当期総製造費用」の中の変動費（材料費＋外注費）＋(固定費)}\times\text{(進捗度)}} \\ \circ \text{「仕掛品棚卸資産（変動費）」＝仕掛品の変動費の割合×仕掛品棚卸高} \\ \circ \text{「仕掛品棚卸資産（固定費）」＝仕掛品棚卸高－「仕掛品棚卸資産（変動費）」} \end{cases}$$

　以上の「仕掛品棚卸資産（変動費）」・「仕掛品棚卸資産（固定費）」について図表3-1（製造業の場合の損益計算書）の事例に当てはめて計算すると、次の値を得ます。

$$\begin{cases} \circ \text{仕掛品の変動費の割合} \\ \quad = \dfrac{720+220}{(720+220)+[1331-(720+220)]\times 0.5} \fallingdotseq 0.827 \\ \circ \text{「仕掛品棚卸資産（変動費）」}= 0.827 \times 100 = 82 \cdots\cdots\text{期首} \\ \qquad\qquad\qquad\qquad\qquad\quad 0.827 \times\ 90 = 74 \cdots\cdots\text{期末} \\ \circ \text{「仕掛品棚卸資産（固定費）」}= 100-82 = 18 \cdots\cdots\text{期首} \\ \qquad\qquad\qquad\qquad\qquad\quad 90-74 = 16 \cdots\cdots\text{期末} \end{cases}$$

以上の計算結果を、図表3-2（棚卸資産分析表）にまとめて、そこから「棚卸資産の変動費分（期首－期末）」と「棚卸資産の固定費分（期首－期末）」を求めていきます。

図表3-2　棚卸資産分析表

（単位　百万円）

				期首	期末	差 期首－期末
製品棚卸資産	製品棚卸高	損益計算書より	A1	90	80	10
	変動費の割合	上記より	B1	0.706	0.706	0
	製品棚卸高に占める変動費分	A1×B1	C1	63	56	7
	製品棚卸高に占める固定費分	A1－C1	D1	27	24	3
仕掛品棚卸資産	仕掛品棚卸高	製造原価報告書より	A2	100	90	10
	変動費の割合	上記より	B2	0.827	0.827	0
	仕掛品棚卸高に占める変動費分	A2×B2	C2	82	74	8
	仕掛品棚卸高に占める固定費分	A2－C2	D2	18	16	2
棚卸資産の変動費分		C1+C2		145	130	15
棚卸資産の固定費分		D1+D2		45	40	5

　「棚卸資産の変動費分（期首－期末）」15百万円は、「変動損益計算書」の変動費の中に計上します。
　「棚卸資産の固定費分（期首－期末）」　5百万円は、「変動損益計算書」の固定費の中に計上します。

　次に、製造業の場合の「財務会計の損益計算書や製造原価報告書（図表3-1）」から、どのようにして「製造部門の変動損益計算書」を作成するのか、図表3-3で、その事例を見てみましょう。
　尚、図表3-3の「製造部門の変動損益計算書」は、前述した作成ポイント、イ）～ニ）に則って作成したものです。

第3章 現場改善と損益との関係

図表3-3 「損益計算書」「製造原価報告書」から「製造部門の変動損益計算書」を作る

②「工場別の変動損益計算書」の作成

　本章で取り上げている「製造部門」の構成モデルは、Ａ工場、Ｂ工場、製造間接部門の３部門を想定しております。
「製造部門の変動損益計算書」は、この３部門合計の計算書です。

　「製造部門の変動損益計算書」から「工場別の変動損益計算書」を作成するに当たって、いくつかのポイントがありますのでそれらを先に説明しましょう。

　　イ）工場別の「売上高」の求め方は、各工場が製作した製品で当期中に売り上げたものを工場毎に集計します。

　　ロ）工場別の「棚卸資産の変動費分（期首－期末）」と「棚卸資産の固定費分（期首－期末）」の求め方は、製造部門の変動損益計算書の作成時に求めた「製品の変動費の割合値（0.706）」と「仕掛品の変動費の割合値（0.827）」を使って、各工場の棚卸高から製造部門の場合と同様の方法で算出します（図表3-2「棚卸資産分析表」を参照）。

　　ハ）工場別に固定費を算出する場合に、工場ごとに個別に集計できる費用（個別固定費）と、工場ごとに集計できない費用（共通固定費）があります。
　　　工場ごとに集計できない費用（共通固定費）とは、例えば製造間接部門（管理部や設計部）等のように非生産部門の費用（労務費、経費）を言い、これは各工場に配賦されます。

図表3-3「製造部門の変動損益計算書」の労務費と経費を個別固定費と共通固定費に分けると下表のようになりました。

	製造部門計	A工場(個別固定費)	B工場(個別固定費)	製造間接部門(共通固定費)
労務費	288	131	110	47
経費	103	52	43	8
計	391	183	153	55

→この共通固定費55百万円の各工場への配賦基準には、いくつかの方法がありますが、「工場の労務費（又は工場の従業員数）」を基準に賦課するのが最も合理的な方法でしょう。

ニ）ある工場から別の工場に応援に行った人の労務費については、「個人別に1時間当たりのコスト」を計算しておき、その時間コストを工場間で振り替えます。

以下の図表3-4に示す「工場別の変動損益計算書」は、図表3-3の「製造部門の変動損益計算書」から上記ポイント、イ）～ニ）に則って、工場（A工場、B工場）ごとに分解して作成したものです。

図表3-4 工場別の変動損益計算書

(単位 百万円)

科目			製造部門 計	A工場		B工場	
売上高			1,900	1,000	100.00%	900	100.00%
変動費	材料費	原材料仕入高	750	400	40.0%	350	38.9%
		期首原材料棚卸高	400	210		190	
		期末原材料棚卸高	430	230		200	
		当期材料費合計	720	380	38.0%	340	37.8%
	外注費		220	120	12.0%	100	11.1%
	棚卸資産の変動費分(期首-期末)		15	8		7	
	変動費合計		955	508	50.8%	447	49.7%
限界利益(売上高-変動費)			945	492	49.2%	453	50.3%
個別固定費	労務費		241	131	13.1%	110	12.2%
	経費		95	52	5.2%	43	4.8%
	棚卸資産の固定費分(期首-期末)		5	3		2	
	個別 固定費合計		341	186	18.6%	155	17.2%
貢献利益(限界利益-個別固定費)			604	306	30.6%	298	33.1%
共通固定費	労務費		47	―		―	
	経費		8	―		―	
	共通 固定費合計		55	30	3.0%	25	2.8%
売上総利益(貢献利益-共通固定費配賦額)			549	276	27.6%	273	30.3%

〈解説〉

イ) 限界利益から個別固定費を差し引いた額を「貢献利益」と言います。

　この貢献利益から共通固定費を差し引いた額が「売上総利益」になります。

ロ) 共通固定費の各工場への配賦内訳

　　A工場→{A工場労務費/(A+B)工場労務費}×共通固定費の

第3章　現場改善と損益との関係

　　　　合計額
　　　　＝（131/241）×55≒30百万円
　　　Ｂ工場→｛Ｂ工場労務費/（Ａ＋Ｂ）工場労務費｝×共通固定費の
　　　　合計額
　　　　＝（110/241）×55≒25百万円
　ハ）棚卸資産の固定費分（期首－期末）には、厳密にいうと「共通固定費」の要素も含まれていますが、割合的に少ないため「個別固定費」扱いにしております。

③「工場の比較変動損益計算書」の作成

　現場改善と損益との関係をみるために、最終的に工場の「比較変動損益計算書」を作成します。
　「比較変動損益計算書」とは、「前期実績」と「当期実績」を２期併記した変動損益計算書のことです。

(1)「Ａ工場の比較変動損益計算書」を作る

　本章での工場の比較変動損益計算書は、「Ａ工場」を代表モデルにして説明します。
　図表3-5に示す「Ａ工場の比較変動損益計算書」は、図表3-4「工場別の変動損益計算書」のＡ工場の数値を前期実績に見立てて、それに当期実績の数値を仮設定して組み立てたものです。

図表3-5　A工場の比較変動損益計算書

(単位　百万円)

科目				前期実績			当期実績		差 当期−前期
売上高			A1	1,000	100.0%	A2	1,105	100.0%	105
変動費	材料費	原材料仕入高	B1	400	40.0%	B2	430	38.9%	30
		期首原材料棚卸高	C1	210		C2	230		20
		期末原材料棚卸高	D1	230		D2	220		−10
		当期材料費合計	E1	380	38.0%	E2	440	39.8%	60
	外注費		F1	120	12.0%	F2	130	11.8%	10
	棚卸資産の変動費分 (期首−期末)		G1	8		G2	−5		−13
	変動費合計		H1	508	50.8%	H2	565	51.1%	57
限界利益 (売上高−変動費)			I1	492	49.2%	I2	540	48.9%	48
個別固定費	労務費		J1	131	13.1%	J2	140	12.7%	9
	期平均の工場従業員数			(28人)	−		(30人)	−	(2人)
	経費		K1	52	5.2%	K2	55	5.0%	3
	棚卸資産の固定費分 (期首−期末)		L1	3		L2	−2		−5
	個別固定費合計		M1	186	18.6%	M2	193	17.5%	7
貢献利益 (限界利益−個別固定費)			N1	306	30.6%	N2	347	31.4%	41
共通固定費配賦額			P1	30	3.0%	P2	33	3.0%	3
売上総利益 (貢献利益−共通固定費配賦額)			Q1	276	27.6%	Q2	314	28.4%	38

＊期平均の工場従業員数＝(期首の工場従業員数＋期末の工場従業員数)／2で求めたものです。

3.「現場改善と損益」との関係をみる

「現場改善と損益」との関係を分析する過程において、「現場改善と工数低減との関連性」と「労働生産性と限界利益と従業員数の関係」が思考のベースになりますので、それらの基本的な考え方から説明しましょう。

1 基本的な考え方

(1) 現場改善と工数低減との関連性

第1章で、現場改善の目的は事業の目的同様「顧客を創造することである」と定義づけました。

そして、その目的に沿った現場改善について、次の三つのテーマを掲げました。

- 製品の信頼性(品質)に対して顧客満足度を向上させる
  (具体的な改善テーマ名は、「製品の品質向上改善」と言う)
- 製品の納期(鮮度)に対して顧客満足度を向上させる
  (具体的な改善テーマ名は、「製品のリードタイム短縮改善」と言う)
- 製品の価格に対して顧客満足度を向上させる
  (具体的な改善テーマ名は、「製品の原価低減改善」と言う)

以上の現場改善は、全て「工数低減」に結びついております。

例えば、

○「製品の品質向上改善」を進めれば、品質不良による造り直しや、手直しのムダ時間が削減されて、工数低減に繋がってきます。……第2章の3「『製品の品質向上改善』の進め方」による
○「製品のリードタイム短縮改善」を進めれば、タイミングロスや手待ちなどのムダ時間が削減されて、工数低減に繋がってきます。……第2章の2「『製品のリードタイム短縮改善』の進め方」による
○「製品の原価低減改善」を進めて、作業の組み合わせを見直し工程の平準化を図れば、ライン間や工程間の色々なムダ時間が削減されて、工数低減に繋がってきます。
 または、自働機を使ったライン作りをすれば、少人化によって、工数低減に繋がってきます。……第2章の4「『製品の原価低減改善』の進め方」による

このように、改善の対象テーマが異なっても、その効果の証しとして全て「工数低減」に現れてきます。

しかし、

多くの会社で「現場改善をしても、経営数字を向上させ利益をアップするまでに中々行かない」

……とよく聞きますが、これは工数低減に結び付けるまでの現場改善が未だ足りていないからです。

(2) 労働生産性と限界利益と従業員数の関係

「労働生産性」とは、「従業員一人あたりの付加価値」とも言われ、労働能率の良否を表わし経営分析上の生産効率を見るのに最も基本的かつ重要な指標であります。

　この数値が高いほど、効率よく利益を上げられる体質であるといえます。

　逆に、この数値が低いということは、労働力の利用が十分に効果を上げていないことであり、このような状態が続くと企業の収益性が低下し、経営状態が次第に悪化していくことになります。

「労働生産性」は、次の公式によって表されます。

> 労働生産性＝付加価値 / 従業員平均人数

　　（従業員平均人数とは、期首と期末の従業員の平均人数です）

イ) 付加価値の計算方法

　労働生産性の公式を構成している「付加価値」の計算方法には、いくつかの種類がありますが代表的なものは、「控除法」と「加算法」の2つです。

「控除法」は、売上高から外部購入の原材料費や部品費および外注工賃などを控除して加工高を求める方法で、中小企業庁の付加価値計算として採用されています。

「加算法」は、付加価値を構成する当期利益や諸費用（人件費、物件費、金融費用など）の産出要素を加算して求める方法で、日銀の各種統計に採用されています。

◎控除法(中小企業庁方式)
　加工高(付加価値)
　　＝売上高−(直接材料費＋購入部品費＋外注工賃＋間接材料費)
　　＝売上高−変動費
　　＝限界利益
　　［付加価値と限界利益は、厳密に言えば異なりますが、実務上
　　　は簡便的に付加価値≒限界利益と考えてもよいでしょう。］

◎加算法(日銀方式)
　付加価値
　　＝当期利益＋人件費＋金融費用＋貸借料＋租税公課＋減価償却費

ロ)労働生産性の算式

　本書では、労働生産性を構成する付加価値が、変動損益計算書の売上高や変動費から容易に計算できる控除法(中小企業庁方式)を採用します。

∴労働生産性＝加工高(付加価値)/従業員平均人数
　　　　　　＝(売上高−変動費)/従業員平均人数
　　　　　　＝限界利益/従業員平均人数

　以上により、「従業員一人あたりの限界利益」は、おおよそ「労働生産性」と考えてもよいでしょう。

2 「現場改善と損益」との関係を検証する

「現場改善と損益」との関係は、前期実績を基準にして当期は現場改善によって成長したのかそれとも後退したのかを、比較変動損益計算書の当期－前期の差額を分析することで検証していきます。

その手順は、

- 「比較変動損益計算書（差額分析用）」を作成します
- 比較変動損益計算書（差額分析用）から「工数低減の換算人数」を求めます
- 工数低減の換算人数から「現場改善による工数低減から生み出された損益額」を求めます

(1) 比較変動損益計算書の当期－前期の差額を区分する

「現場改善と損益」との関係は、比較変動損益計算書の当期－前期の差額を分析して検証しますが、通常その差額内には、「工場管理可能分」と「工場管理不可能分」が混在しております。

工場の真の成長を見るには、「工場管理可能分」のみを引き出して分析します。

その分析結果から求めた損益上の数字で、現場改善を評価していきます。

その為には、まず比較変動損益計算書の各勘定科目の「当期－前期の差額」の中を、「工場管理可能分」と「工場管理不可能分」に区分することから始めます。

通常、「工場管理不可能分」は、「売上高」と「共通固定費配賦額」の差額の中に含まれております。

特に「売上高」の差額内の「工場管理不可能分」は商品の販売価格の

変化によって発生し、「当期－前期の商品価格の差額」を算出することで求められます。

□「当期－前期の商品価格の差額」の求め方
　見込み生産の場合は、当期の販売単価と前期の販売単価に値上げや値下げ等によって差異が生じた場合に、商品別に単価差異と販売数量を求めて合計差額を算出します。
　受注生産の場合は、当期に販売した商品（又は物件）の粗利益率と前期に販売した商品（又は物件）の粗利益率に差異が生じた場合に、その粗利益率差異から求めた合計差額を算出します。
（尚、この場合の粗利益率とは、受注時の見積原価等から算出されたものを言います）

● 見込み生産（主に標準品）の場合の「当期－前期の商品価格の差額」
＝Σ商品別［(当期の販売単価－前期の販売単価)×当期の販売数量］

● 受注生産（主にカスタム品）の場合の「当期－前期の商品価格の差額」

$$= \frac{(当期売上分の粗利益率－前期売上分の粗利益率)×(当期の売上高)}{(100－前期売上分の粗利益率)}$$

「当期－前期の商品価格の差額」は、ほとんどが営業部門など工場責任外の部門管理下で発生しますので、これを「工場管理不可能分」に位置

第3章　現場改善と損益との関係

付けます。

一方、「工場管理可能分」は、「当期－前期の差額」から「工場管理不可能分」を差し引いて求めます。

(2) A工場の「比較変動損益計算書（差額分析用）」を作成する

A工場の比較変動損益計算書（図表3-5）を、差額分析が出来るように次の要領で加工します。

イ)「売上高」の当期－前期の差額（105百万円）の中を「工場管理可能分」と「工場管理不可能分」に区分します。
　〈前提条件〉A工場は、受注生産工場で
　　……前期売上分の粗利益率＝31.29％
　　　　当期売上分の粗利益率＝27.55％……と仮定します。

○「工場管理不可能分」
＝「当期－前期の商品価格の差額」

$$= \frac{(当期売上分の粗利益率 - 前期売上分の粗利益率) \times (当期の売上高)}{(100 - 前期売上分の粗利益率)}$$

$$= \frac{(27.55 - 31.29) \times 1105}{(100 - 31.29)}$$

≒ －60百万円……となります。

　A工場の場合は、前期売上分の粗利益率（31.29％）より、当期売上分の粗利益率（27.55％）の方が少ないので、「工場管理不可能分」はマイナスになりました。
　（逆に、前期売上分の粗利益率より、当期売上分の粗利益率の方が多い場合、「工場管理不可能分」はプラスになります）

177

- ○「工場管理可能分」
  = (当期－前期の売上高の差額)－(工場管理不可能分)
  = 105－(－60) = 165百万円……となります。

ロ)「変動費」と「個別固定費」は、自工場の管理下による費用のため、当期－前期の差額の全てが「工場管理可能分」になります。

ハ)「共通固定費配賦額」は、工場以外の製造間接部門によって発生した費用のため、当期－前期の差額の全てが「工場管理不可能分」になります。

ニ) 最後に「工場の労働生産性」を求めます。
「工場の労働生産性」とは、工場を一つの事業体として見た場合の労働生産性で、限界利益を工場従業員数で除して求めます。

- ○ 前期の「工場の労働生産性」
  = (前期限界利益)/(前期平均の工場従業員数)
  = 492/28 = 17.57百万円/人

- ○ 当期の「工場の労働生産性」
  = (当期限界利益)/(当期平均の工場従業員数)
  = 540/30 = 18.00百万円/人

上記イ)～ニ)の内容を図表3-5に付加して、図表3-6比較変動損益計算書(差額分析用)にまとめます。

第3章　現場改善と損益との関係

図表3-6　A工場の比較変動損益計算書（差額分析用）

(単位 百万円)

科目			前期実績		当期実績		差額 (当期-前期)		
							差額 計	工場管理可能分	工場管理不可能分
売上高		A1	1,000	100.0%	A2	1,105	100.0%	105	165	-60
（粗利益率）			(31.29%)			(27.55%)				
変動費	材料費	原材料仕入高	B1	400	40.0%	B2	430	38.9%	30	30	0
		期首原材料棚卸高	C1	210		C2	230		20	20	0
		期末原材料棚卸高	D1	230		D2	220		-10	-10	0
		当期材料費合計	E1	380	38.0%	E2	440	39.8%	60	60	0
	外注費		F1	120	12.0%	F2	130	11.8%	10	10	0
	棚卸資産の変動費分（期首－期末）		G1	8		G2	-5		-13	-13	0
	変動費合計		H1	508	50.8%	H2	565	51.1%	57	57	0
限界利益（売上高-変動費）			I1	492	49.2%	I2	540	48.9%	48	108	-60
個別固定費	労務費		J1	131	13.1%	J2	140	12.7%	9	9	0
	期平均の工場従業員数			(28人)	―		(30人)		(2人)	(2人)	(0人)
	経費		K1	52	5.2%	K2	55	5.0%	3	3	0
	棚卸資産の固定費分（期首－期末）		L1	3		L2	-2		-5	-5	0
	個別固定費合計		M1	186	18.6%	M2	193	17.5%	7	7	0
貢献利益（限界利益-個別固定費）			N1	306	30.6%	N2	347	31.4%	41	101	-60
共通固定費配賦額			P1	30	3.0%	P2	33	3.0%	3	0	3
売上総利益（貢献利益-共通固定費配賦額）			Q1	276	27.6%	Q2	314	28.4%	38	101	-63
工場の労働生産性（限界利益/期平均の工場従業員数）			V1	17.57		V2	18.00		0.43		

⑶「工数低減の換算人数」を求める

「工場の労働生産性」を、前述した「労働生産性と限界利益と従業員数の関係」で表すと、以下のようになります。

> 工場の労働生産性＝加工高（付加価値）/ 工場従業員平均人数
> 　　　　　　　＝限界利益 / 工場従業員平均人数

　この公式から工場の労働生産性と工場従業員平均人数は相関関係にあることが分かります。
　いわゆる、工数低減が実現できれば、今迄よりも少ない工場従業員平均人数で、今迄と同等以上の加工高（限界利益）を得ることが出来るようになり、工場の労働生産性は向上します。
　即ち、工場の労働生産性を構成している公式の分母（工場従業員平均人数）が小さくなるので、その分工場の労働生産性は向上します。
　あるいは、工数低減が実現できて、今迄と同じ工場従業員平均人数であれば、今迄よりも多くの加工高（限界利益）を得ることが出来るようになり、工場の労働生産性は向上します。
　即ち、工場の労働生産性を構成している公式の分子（限界利益）が大きくなるので、その分工場の労働生産性は向上します。
　このように、工数低減と工場の労働生産性は密接な関係にあります。

　これらの関係を利用して「工数低減の換算人数」を求める方法を、紹介しましょう。
　「工数低減の換算人数」とは、現場改善によって何人分の工数が低減されたか、ということです。

　「工数低減の換算人数」を求める前に、「想定工場従業員数」から求めていきます。
　想定工場従業員数とは、前期の工場の労働生産性のままで「当期の工場実力値」を得ようとするならば、何人の工場従業員数が必要になるか

第3章　現場改善と損益との関係

ということです。

　尚、「当期の工場実力値」とは、前期の限界利益に当期の限界利益差額内の工場管理可能分を加算した値です（または、当期の限界利益から当期の限界利益差額内の工場管理不可能分を差し引いた値です）。

「想定工場従業員数」は、以下の算式によって計算します。

想定工場従業員数
　＝（前期の限界利益＋当期の限界利益差額内の工場管理可能分）／（前期の工場の労働生産性）
　＝（492百万円＋108百万円）／（17.57）＝（28人＋6.15人）
　＝34.15人

（式中の数値は、図表3-6「比較変動損益計算書〈差額分析用〉」から転用したものです）

　上式によって求めた「想定工場従業員数」から当期の実際人数である「当期平均の工場従業員数」を差し引いた数字が、当期の現場改善による「工数低減の換算人数」になり、次式で計算します。

現場改善による「工数低減の換算人数」
　＝（想定工場従業員数）−（当期平均の工場従業員数）
　＝34.15人−30人＝＋4.15人

(式中の数値は、図表3-6「比較変動損益計算書〈差額分析用〉」から転用したものです)

注記）上記の算式より求めた「工数低減の換算人数」が、
　　○プラス（＋）の場合は、前期よりも工数が低減し、現場改善は「進展」したことになります。
　　○マイナス（－）の場合は、前期よりも工数が増加し、現場改善は逆に「後退」したことになります。

〈結論〉
以上の結果より……、

　　A工場の当期は、現場改善によって4.15人分の工数が低減され、成長した

ことになります。

⑷「工場従業員の人員差数から生み出された損益」と「現場改善による工数低減から生み出された損益」を求める

工場の労働生産性の公式を移項表現すると、

限界利益＝工場従業員平均人数×工場の労働生産性

……となります。

第3章　現場改善と損益との関係

　当期の「限界利益差額内の工場管理可能分（108百万円）」は、「当期－前期の工場従業員の人員差数（当期30人－前期28人＝+2人）」と「工数低減の換算人数（+4.15人）」によって得られたものです。

　その「限界利益差額内の工場管理可能分（108百万円）」を、前記の移項表現式を使って人数別に分解すると以下のようになります。

○当期－前期の「工場従業員の人員差数から生み出された損益」
　　＝（当期－前期の工場従業員の人員差数）×（前期の工場の労働生産性）
　　＝（+2人）×17.57≒35百万円→利益（マイナスの場合は損失）

○「現場改善による工数低減から生み出された損益」
　　＝（工数低減の換算人数）×（前期の工場の労働生産性）
　　＝（+4.15人）×17.57≒73百万円→利益（マイナスの場合は損失）

〈結論〉
以上の結果より……、

　A工場の当期は、「工場従業員の人員差数」によって35百万円の限界利益の増益に貢献し、「現場改善による工数低減」によって73百万円の限界利益の増益に貢献した

ことになります。

以上をまとめると、次表のようになります。

183

差額計	工場管理可能分		工場管理不可能分
(当期－前期)の 限界利益 差額 の内訳			
当期－前期の 限界利益の差額計 (540－492)百万円	当期－前期の 「工場従業員の人員差数 から生み出された損益」 (当期30－前期28)人 ＝＋2人)	「現場改善による工数低減 から生み出された損益」 (工数低減の 換算人数) ＝＋4.15人	当期－前期の 「商品価格の差額から 生み出された損益」
	35 百万円.	73 百万円.	
48 百万円.	108 百万円.		－60 百万円

〈解説〉

当期の限界利益全体としては、前期に比較して48百万円の増益になりました。

その内訳は、「商品価格の粗利益率ダウン」によって、－60百万円の減益で減算されたが、「工場従業員数の増員効果」によって35百万円の増益で加算され、更に、「現場改善による工数低減効果」で73百万円の増益で加算されました。

第4章

現場改善のPDS管理

1. PDS管理について

① PDS管理とは

Plan（計画）Do（実行）See（照合・検証）という事業活動のサイクルを表す「PDS」は、生産管理や、品質管理などの管理業務用として考え出されたマネージメント手法ですが、今やあらゆる業務を円滑に進めるために活用されています。

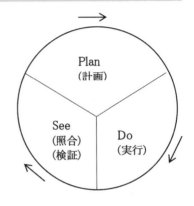

勿論、PDS サイクルは現場改善においても例外ではありません。

効果的な現場改善活動を行うためには、PDS サイクルを回すことが重要です。

現場改善の PDS サイクルについて、もう少し具体的に説明しましょう。

〈現場改善の PDS サイクル〉

○ Plan（計画）……… 労働生産性の向上をベースに考えた
自工場の**「利益計画」**を立てます。
利益計画は、

　　　　　　　　　　1）製品の需要動向を把握した「売上高」の計画
　　　　　　　　　　2）労働生産性の向上を目指した「費用」の計画
　　　　　　　　　　3）「目標利益」の設定
　　　　　　　　　という3つの作業になります。
　　　　　　　　　これを、変動損益計算書の様式に「利益計画書」としてまとめます。

○ Do（実行）……………　Plan（計画）で設定した自工場の利益計画の達成には、**「現場改善の実行」**が不可欠です。
　　　　　　　　　特に、『顧客創造に目線を置いた3つの現場改善』の実践が重要です。
　　　　　　　　　　1）製品の品質向上改善
　　　　　　　　　　2）製品のリードタイム短縮改善
　　　　　　　　　　3）製品の原価低減改善

○ See（照合・検証）……　Plan（計画）の利益計画と Do（実行）の実績値を併記した、比較変動損益計算書（差額分析用）を作成します。その計算書から、限界利益差額内の工場管理可能分を分析して、「工場従業員の人員差数から生み出された損益」と「現場改善による工数低減から生み出された損益」を求め、**「利益計画の達成度合を検証」**します。

第4章　現場改善のPDS管理

　以上のPDSサイクルは、一度だけではなく継続的に回し続けることに大きな意義があります。
　一期1サイクルから徐々に精度を上げて、半期1サイクルとか四半期1サイクルなどと、なるべく短いスパンでPDSサイクルを回すように心掛けてください。

② Plan（計画）の進め方

　企業の使命は存続・成長であり、その為にいかに利益を獲得するかが最大の関心事になります。
　会社全体の利益を確保するためには、部門単位での利益管理が重要であり、その為の最初のアプローチが、利益計画です。
　一般的に言われている利益計画は、環境の大きな変化をあまり考慮しなくて済む短期計画になります。
　本章は「現場改善のPDS管理」ですので、生産効率を見るのに最も重要な指標である「工場の労働生産性」をベースに、一期を1サイクルとした工場部門の利益計画について説明します。
　その構成は、①売上高の計画、②費用計画、③目標利益の設定の3つの計画から成り立っております。

(1) 売上高の計画

　売上高の計画については、製品の需要動向が上昇傾向にあるのか、横這い傾向にあるのか、あるいは、下降傾向にあるのか、その現状認識の上に立って先を見越した計画を立てなければなりません。
　特に、従業員数の確保や設備投資などは先行で構える傾向にありますので、需要予測を誤ると売上高の計画未達に繋がり大きなムダを誘発して思わぬ損失を招くことになります。

製品の需要動向を把握するには、まず自工場の「売上高の移動年計」を作成してみるとよいでしょう。

自工場の現在の置かれている状況が見えてきます。

□「売上高の移動年計」について

「売上高の移動年計」とは、過去1年間の売上高を1カ月ずつ移動して計算したものです。

第3章で紹介しましたA工場の場合の「売上高の移動年計」について、図表4-1で説明しましょう。

移動年計の見方は、例えば「当期4月の移動年計」は、前期5月から当期4月までの1年間の月次売上高の合計額（1,012,929千円）であり、次の「当期5月の移動年計」は、前期6月から当期5月までの1年間の月次売上高の合計額（1,026,191千円）であります。

図表4-1(1)　（A工場）売上高月次実績－移動年計

（単位：千円）

前々期	売上高月次実績	前々期	売上高月次実績	売上高移動年計	前期	売上高月次実績	売上高移動年計	当期	売上高月次実績	売上高移動年計
4月		4月	81,743	1,074,042	4月	82,918	1,082,071	4月	95,847	1,012,929
5月	72,342	5月	80,371	1,082,071	5月	72,342	1,074,042	5月	85,604	1,026,191
6月	82,918	6月	81,743	1,080,896	6月	75,758	1,068,057	6月	69,849	1,020,282
7月	85,604	7月	96,196	1,091,488	7月	73,000	1,044,861	7月	90,038	1,037,320
8月	69,849	8月	103,401	1,125,040	8月	83,965	1,025,425	8月	93,508	1,046,863
9月	90,038	9月	104,550	1,139,552	9月	93,173	1,014,048	9月	87,900	1,041,590
10月	93,508	10月	105,993	1,152,037	10月	86,891	994,946	10月	95,993	1,050,692
11月	87,900	11月	87,900	1,152,037	11月	84,467	991,513	11月	104,550	1,070,775
12月	105,993	12月	93,508	1,139,552	12月	87,530	985,535	12月	103,401	1,086,646
1月	104,550	1月	90,038	1,125,040	1月	88,239	983,736	1月	96,196	1,094,603
2月	103,401	2月	69,849	1,091,488	2月	87,745	1,001,632	2月	91,743	1,098,601
3月	96,196	3月	85,604	1,080,896	3月	83,972	1,000,000	3月	90,371	1,105,000

第4章　現場改善のPDS管理

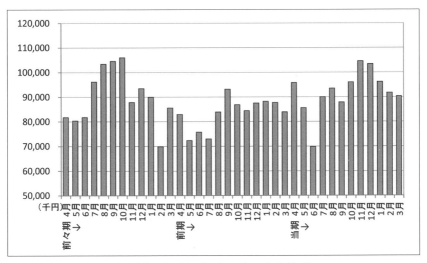

図表4-1(2)　（A工場）売上高月次実績グラフ

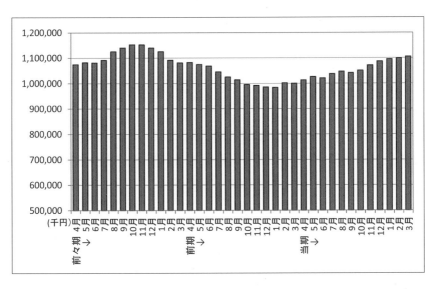

図表4-1(3)　（A工場）売上高移動年計グラフ

「売上高の移動年計」は、過去3カ年（36カ月）くらいをグラフに表してみると、月々の変動や季節変動等に影響されない大きなうねりのような売上高のトレンド（傾向）の視覚的理解が容易になり、売上高が上昇傾向中なのか下降傾向中なのか若しくは横這い中なのかを知ることが出来ます。

　図表4-1⑵グラフは、図表4-1⑴の売上高月次実績の3期分をグラフ化したものです。

　図表4-1⑶グラフは、図表4-1⑴の売上高移動年計の3期分をグラフ化したものです。

　以上の2つのグラフから言えることは、図表4-1⑵の売上高月次実績のグラフだけを見ると月々の変動に惑わされて需要動向を把握することが困難であるということです。

　しかし、これを図表4-1⑶の売上高移動年計のグラフで表してみると、過去の需給トレンドが次のように見えてきます。

　前々期は、4月から横這い傾向で始まって上昇傾向に移行し、10月でピーク（1,152,037千円）に達し、その後12月からは下降傾向に転じました。その下降傾向は1年間ぐらい続き前期の1月でボトム（983,736千円）を打ち、そして2月からは上昇傾向に転じ、その上昇傾向は当期末の3月まで1年以上続いております。

　次期の予想は、過去のトレンドから見て上昇傾向がこのまま続いた後ピークに達し、その後は下降傾向に移行していくものと思われます。

　しかし、その上下度合や移行期間については、業界の景気動向によって変わってきます。

　従って、より精度の高い製品の需要予測を立てるために、「売上高の移動年計」だけではなく、「営業情報（受注残情報・顧客情報）」や会社が開示している「業績予想」なども参考にして、多方面から判断して、自工場が担うべき売上高の具体的な計画数値を設定します。

(2) 費用計画

イ) 基準期の設定

費用計画に当たって、最初にすることは「基準期」を決めることです。

基準期とは、費用を具体的に計画するに当たっての基準となる直近の「期」のことを言います。

直近の期のため、その実績は現状の実力に最も近い数値を示しており、その実績値をベースに計画を立てていきます。

例えば費用計画の実行期が「次期」であれば「当期」が基準期になります。

ロ) 工場の労働生産性の向上を目指した「費用計画」の立て方

管理会計の変動損益計算書における「費用」は、売上高と連動して発生する「変動費」と、売上高とは直接的に連動しない「固定費」に分類されます。

また、「工場の労働生産性」は、売上高と変動費と工場従業員数から求められ、その中の工場従業員数は固定費の多くを占めている労務費に連動する関係にあります。

$$「工場の労働生産性」= \frac{売上高 - 変動費（売上高に連動）}{工場従業員数（労務費に連動）}$$

工場の労働生産性の向上を目指した「費用計画」は、製品の需要動向に伴って変化する経営環境によって変わってきます。

その考え方について、以下で詳しく解説しましょう。

上記の算式を見る限り、工場の労働生産性を向上させるには売上高を落とさずに、工場従業員数を減らせばよいわけです。
　しかし、これは需要（注文）が横這い、ないしは下降状態の経営環境下での話であり、需要（注文）が上向き状態の経営環境下では、工場従業員数を減らすよりも、まず売上高を増やさなければなりません。
　このように、工場の労働生産性を向上させるには、製品の需要動向に伴って変化する経営環境に最も適した方策を採らなければなりません。

　その経営環境の三つのパターンについて、工場の労働生産性との関係を考えてみましょう。

　○パターンＡ
　需要（注文）が増え、売上高も増加しなければならない経営環境下での工場の労働生産性向上の方法

$$「工場の労働生産性」＝\frac{売上高（増加）－変動費（増加）}{工場従業員数}$$

　⇒工場の労働生産性が向上する

　このパターンの場合は、仮に売上高を1.2倍増やしても、変動費や工場従業員数も1.2倍増やしたのでは工場の労働生産性は向上しません。
　現場改善により工数低減をして、売上高の増加率以上には、変動費や工場従業員数を増やさないことです。

　○パターンＢ
　需要（注文）も売上高も横這い状態の経営環境下での工場の労働生

産性向上の方法

$$\text{「工場の労働生産性」} = \frac{売上高（横這）-変動費（減少）}{工場従業員数}$$

⇒工場の労働生産性が向上する

このパターンの場合は、変動費を減らすことです。
現場改善により工数低減をして、その分で変動費（特に外注費）の内製取り込みを行います。

○パターンＣ
需要（注文）が減り、売上高も減少しなければならない経営環境下での工場の労働生産性向上の方法

$$\text{「工場の労働生産性」} = \frac{売上高（減少）-変動費（減少）}{工場従業員数（減少）}$$

⇒工場の労働生産性が向上する

このパターンの場合は、まずパターンＢの方策を採り、それでも尚売上高が減少する状況であれば、売上高の減少率以下に工場従業員数を減らさなければなりません。
減らした従業員は、他部所での活用を考えます。

ハ）各費用計画の設定上のポイント

製品の需要動向に伴って変化する経営環境の三つのパターンのうち、どのパターンに該当するかを「売上高の計画」から判断して見極めます。

見極めた当該パターンに沿って、各費用の計画値を設定していきます。
　その主な費用についての計画設定上のポイントを解説しましょう。

□「外注費」について
　変動費の中の外注費は、外部に製作委託している費用です。
　製作委託する理由としては、自工場の生産量の能力不足による場合と、自工場の技術的な能力不足による場合がありますが、殆どが前者の理由による場合が多いです。
　その製作委託先には、協力外注会社とスポット外注会社の２種類があります。

○協力外注会社とは
　他社からの製作委託は無く、当社からのみの製品を引き受けて製作している会社で、技術的にも品質的にも価格的にも協力関係にあり、当社の「足」に相当するような共存共栄の会社です。
　このような関係にある協力外注会社を何の保障もなく切り捨てることは出来ません。

○一方、スポット外注会社とは
　当社以外の会社からも広く製作委託を受けており、当社の一時的な過負荷解消の為にスポット的に製品を引き受けて製作している会社で、当社の「杖」に相当するような会社です。
　このような関係にあるスポット外注会社に対しては、当社が健康（正常負荷）に戻れば「杖」なしで歩けるようになるので、製作委託の解消ができます。

　従って、費用計画上の外注費削減は、まず内製化計画を立ててス

第4章　現場改善のPDS管理

ポット外注会社に委託している分から、内製取り込みを行います。

□「労務費」について

固定費の中の労務費は工場従業員数と密接な関係にあります。
「労務費の計画値」は、工場従業員の計画人数を設定して概算的に次の計算式から求めます。

$$\text{「労務費の計画値」}=(\text{基準期の労務費})\times\left(\frac{\text{工場従業員の計画人数}}{\text{基準期の工場従業員数}}\right)$$

□「経費」について

経費は、固定費の中の労務費以外の費用であり、荷造り運賃、減価償却費、修繕費、水道光熱費、旅費交通費、賃借料などに細分されます。

一般的に製造業の場合、経費の中に占める割合が最も高いのが、「減価償却費」です。

減価償却費は、設備投資に伴って発生する費用で耐用年数に応じて期間的に費用を配分するものです。

従って、新規設備の導入仕様を誤ると、その「つけ」は償却期間中後々まで引きずることになります。

重要なポイントは、新規設備の導入計画時にあります。

第2章「4.『製品の原価低減改善』の進め方」で紹介しました「機械の加工能力の検証」をしてみて、加工能力が必要数を大幅に超えるような大鑑巨砲設備を選定しないことです。

大鑑巨砲設備は、イニシャルコストもランニングコストも高くなり、毎期の経費を押し上げます。

おまけに設備の操業度を上げたいがためにロット生産になり易く、その結果仕掛在庫が増え「生産のリードタイム」も延長するので注

意を要します。

(3) 目標利益の設定

管理会計の変動損益計算書における利益には「限界利益」と「貢献利益」と「売上総利益」があります。

イ）利益計画の「目標限界利益」は、売上高の計画値から変動費の計画値を差し引いた値です。

> 「目標限界利益」＝（売上高の計画値）－（変動費の計画値）

「目標限界利益率」と「基準期の限界利益率」を比較してみて、「目標限界利益率」の方が上回っていれば良いです。もし下回っていれば、費用計画の見直しが必要です。
（限界利益率＝限界利益／売上高）

ロ）利益計画の「目標貢献利益」は目標限界利益から個別固定費の計画値を差し引いた値です。

> 「目標貢献利益」＝（目標限界利益）－（個別固定費の計画値）

限界利益が増えても、個別固定費がそれ以上に増えてしまえば貢献利益は減ってしまいます。

第4章　現場改善のPDS管理

利益計画の最終目的は、貢献利益を増やすことです。

ハ)「売上総利益」は、貢献利益から共通固定費配賦額を差し引いた値です。

> 「売上総利益」＝（貢献利益）－（共通固定費配賦額）

共通固定費配賦額は、製造間接部門の費用などで、その全額が工場の管理不可能分の費用です。
従って、「売上総利益」は工場の利益計画から省略します。

⑷ 利益計画書の作成

前項までに「売上高の計画」「費用計画」「目標利益の設定」の仕方について説明してきましたが、実際に利益計画書を作成していく手順は、以下の通りとなります。

利益計画書の作成手順

1. 利益計画の基本となる「基準期」を設定します（通常は、計画対象工場の直近の「期」が基準期になります）。
2. 売上高の移動年計や営業情報（受注残情報・顧客情報）から、需要予測を立てて「売上高の計画値」を設定します。
3. 「製品の需要動向に伴って変化する経営環境の三つのパターン」のうち、基準期はどのパターンに該当しているかを判定します（A or B or Cパターン）。

4．判定した当該パターンの「工場の労働生産性向上の方法」から、「費用計画の方針」を決めます。
5．費用計画の方針に基づいて、基準期の実績をベースに各科目の計画数値を設定していきます。

利益計画書の作成

ケーススタディーとして、Ａ工場をモデルにした「利益計画書」を、実際に作成してみましょう。

Ａ工場とは「第３章　現場改善と損益との関係」の中で紹介しました「Ａ工場」のことです。

イ）「基準期の設定」

Ａ工場の利益計画は、「次期」を実行期に見立てた計画とします。「次期」の直近である「当期」が、利益計画上の「基準期」になります。

従って、図表3-6「Ａ工場の比較変動損益計算書（差額分析用）」の当期実績値を、利益計画上の「基準期」の数値に転用します（図表4-2を参照）。

ロ）「売上高の計画値」

Ａ工場の製品需要の今後の予想は、図表4-1(3)の売上高移動年計グラフや受注残情報や顧客情報などから、このまま暫く上昇傾向が続くものと予想されます。

従って、売上高の計画値は基準期の売上高（1,105百万円）の約７％アップの 1,180百万円 に設定しました。

第4章 現場改善のPDS管理

図表4-2 A工場の利益計画上の基準期

（単位 百万円）

科目				基準期（当期実績）	
売上高			A2	1,105	100.0%
（粗利益率）				（27.55%）	
変動費	材料費	原材料仕入高	B2	430	38.9%
		期首原材料棚卸高	C2	230	
		期末原材料棚卸高	D2	220	
		当期材料費合計	E2	440	39.8%
	外注費		F2	130	11.8%
	棚卸資産の変動費分(期首－期末)		G2	－5	
	変動費合計		H2	565	51.1%
限界利益（売上高-変動費）			I2	540	48.9%
個別固定費	労務費		J2	140	12.7%
	期平均の工場従業員数			（30人）	
	経費		K2	55	5.0%
	棚卸資産の固定費分(期首－期末)		L2	－2	
	個別固定費合計		M2	193	17.5%
貢献利益（限界利益-個別固定費）			N2	347	31.4%
共通固定費配賦額			P2	33	3.0%
売上総利益（貢献.利益-共通固定費配賦額）			Q2	314	28.4%
工場の労働生産性（限界利益/期平均の工場従業員数）			V2	18.00	

ハ）「粗利益率」

　利益計画上の売上高の粗利益率は、基準期との物差しを揃えるため、基準期の粗利益率と同率（27.55％）に設定しました。

ニ）「経営環境のパターン」の判定

　Ａ工場の基準期（当期）は、図表4-1(3)の売上高移動年計グラフより、上昇傾向中にあり製品需要による経営環境は、「パターンＡ」と判定しました。

ホ）「費用計画の方針」の決定

　「パターンＡ」の場合の工場の労働生産性向上の方法は、『現場改善により工数低減をして、売上高の増加率以上に変動費や工場従業員数を増やさない』ことですので、これを「費用計画の方針」に据えます。

　このことを定量表現しますと、

　　　売上高の増加率＝利益計画の売上高 / 基準期の売上高
　　　　　　　　　　＝1,180/1,105＝ $\boxed{1.068}$

　……となり、変動費や工場従業員数を基準期よりも1.068倍以上には増やさないことが「費用計画の方針」となります。

ヘ）「変動費の計画値」

　　　変動費の増加率＝（変動費の計画値）/（基準期の変動費）
　　　　　　　　　　＝（変動費の計画値）/565＜1.068
　　∴ 変動費の計画値＜1.068×565＝603百万円

　……よって、変動費の計画値を $\boxed{590百万円}$ に設定。

ト)「工場従業員数の計画人数」

　工場従業員数の増加率＝(工場従業員数の計画人数)/(基準期の工場従業員数)＜1.068
　　　　　　　　　　　＝(工場従業員数の計画人数)/30＜1.068
　∴ 工場従業員数の計画人数＜1.068×30＝32人

　……よって、工場従業員数の計画人数を $\boxed{31人}$ に設定。

チ)「労務費の計画値」

　工場従業員の計画人数より「労務費の計画値」を次式より求めます。

$$\text{「労務費の計画値」}=(\text{基準期の労務費})\times\left(\frac{\text{工場従業員の計画人数}}{\text{基準期の工場従業員数}}\right)$$

　　　　　　　　　　　　　　140　　　　　　　　　　31/30
　　　　＝ $\boxed{145百万円}$

リ)「経費の計画値」

　新規設備投資など、経費に大きな変化を予定してないので基準期と同額 $\boxed{55百万円}$ に設定。

ヌ)「個別固定費の計画値」

　「個別固定費の計画値」＝(労務費の計画値)＋(経費の計画値)
　　　　　　　　　　　　　　　145　　　　　　　　55
　　　　＝ $\boxed{200百万円}$

ル)「目標限界利益」

　「目標限界利益」＝(売上高の計画値)－(変動費の計画値)
　　　　　　　　　　　1,180　　　　　　　　590

$$= \boxed{590\text{百万円}}$$

（目標限界利益率＝590/1,180＝50.0％＞基準期の限界利益率
＝540/1,105＝48.9％……OK）

ヲ）「目標貢献利益」

「目標貢献利益」＝（目標限界利益）－（個別固定費の計画値）

$$590200$$

$$= \boxed{390\text{百万円}}$$

（基準期の貢献利益より43百万円の増益）

ワ）「工場の目標労働生産性」

$$「工場の目標労働生産性」＝\left(\frac{\text{目標限界利益}}{\text{工場従業員の計画人数}}\right)$$

$$590/31$$

$$= \boxed{19.03\text{百万円/人}}$$

（基準期の工場の労働生産性より1.03百万円/人の向上）

以上のイ）～ワ）を、変動損益計算書の様式を使って「利益計画書」にまとめると、図表4-3の通りになります。

③ Do（実行）の進め方

Plan（計画）で設定した利益計画の達成には、現場改善の実行が不可欠です。

ここでは、現場改善の進め方について解説します。

第4章 現場改善のPDS管理

図表4-3 A工場の利益計画書

(単位 百万円)

科目			基準期(当期実績)			利益計画		
売上高			A2	1,105	100.0%	A0	1,180	100.0%
(粗利益率)				(27.55%)			(27.55%)	
変動費	材料費	原材料仕入高	B2	430	38.9%	B0	0	
		期首原材料棚卸高	C2	230		C0	0	
		期末原材料棚卸高	D2	220		D0	0	
		当期材料費合計	E2	440	39.8%	E0	465	39.4%
	外注費		F2	130	11.8%	F0	125	10.6%
	棚卸資産の変動費分(期首-期末)		G2	-5		G0	0	
	変動費合計		H2	565	51.1%	H0	590	50.0%
限界利益(売上高-変動費)			I2	540	48.9%	I0	590	50.0%
個別固定費	労務費		J2	140	12.7%	J0	145	12.3%
	期平均の工場従業員数			(30人)			(31人)	
	経費		K2	55	5.0%	K0	55	4.7%
	棚卸資産の固定費分(期首-期末)		L2	-2		L0	0	
	個別固定費合計		M2	193	17.5%	M0	200	16.9%
貢献利益(限界利益-個別固定費)			N2	347	31.4%	N0	390	33.1%
共通固定費配賦額			P2	33	3.0%		-	
売上総利益(貢献.利益-共通固定費配賦額)			Q2	314	28.4%		-	
工場の労働生産性(限界利益/期平均の工場従業員数)			V2	18.00		V0	19.03	

(1) 現場改善のプロセス

改善とは、現状をより良い方向に改めていく活動を言います。

その改善実行は、以下のフローチャートに示すように一定のプロセスを踏んで行われます。

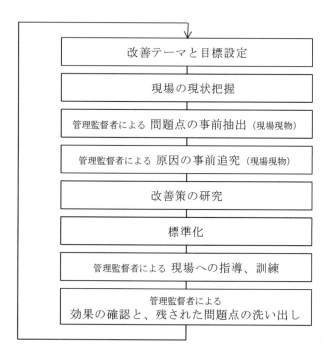

イ)「現場改善のプロセス」の取り組み方は

　　臨時的に編成された改善プロジェクトチームに、「改善テーマ」と「目標」が与えられ、ある一定期間のなかで小集団活動形式で改善を実践するのが一般的なやり方です。

　　但し、「問題点(異常)の抽出」と「原因の追究」については、改善プロジェクトチームによる改善活動の前に、対象部門の管理監督

者が日常業務の中で予め実践しておかなければなりません。
　その理由は、全ての問題点（異常）が、改善プロジェクトチームによる限られた期間中に必現するかどうかの保証はなく、原因の追究にしても、問題点（異常）の発見から時間を置かずに、現場現物で追求しなければ真因が掴めないからです。
　また、「現場への指導、訓練」についても、対象部門の管理監督者の責任の下にOJT活動（On the Job Training）などを通して、改善内容を現場に反映させていかなければなりません。
　このように、改善対象部門の管理監督者が行う日常業務の中での活動こそが、改善成功へのキーポイントになります。

ロ）改善実行の頻度は
　改善という階段のステップを1段ずつ上がっていくような気持ちで取り組み、難しいテーマ・目標であればある程、改善の段数を増やしてステップ・アップ・ステップの精神で目標を徐々に達成していく根気が必要です。
　改善結果を実行に移していくのは、作業者ですので、急激な変化よりも徐々に変化していく方がスムーズに移行出来るし長続きもします。

(2) 改善テーマと目標設定

　利益計画達成に向けた現場改善の実行（Do）は、事業の目的である「顧客創造に目線を置いた3つの改善テーマ」の実践に尽きます。

　　1．製品の品質向上
　　2．製品のリードタイム短縮
　　3．製品の原価低減

改善テーマとセットで設定されるのが「目標」です。
　目標は、テーマに密着した直接的な個別目標と、間接的な共通目標（サイクルタイム）の2つを掲げます。
　サイクルタイムのうち「工程におけるサイクルタイム」は、作業者1人分の受け持ち工程を、決められた作業順序で作業して、一巡するのに要する時間を言います。
　一方、「ラインにおけるサイクルタイム」は、製品1個（又は1ロット）がラインOFFしてから、次の1個がラインOFFするまでの時間間隔を言い、次式で表されます。

サイクルタイム＝日当たり稼働時間／日当たり出来高（生産量）

　3つの改善テーマの共通目標に「サイクルタイム」を掲げた理由は、次の通りです。

○「製品の品質向上」改善であれば、不良を減らすことで、手直し要員やクレーム処理要員としてラインから離れている作業者をラインに呼び戻すことが出来るので、ラインの保有工数が増加します。
　結果として、日当たり出来高が増えるので、サイクルタイムが短縮されます。
　これは、工数低減に結びつき利益に反映していきます。
○「製品のリードタイム短縮」改善であれば、順番狂いを無くし自部門内の製品仕掛数を減少させることで、停滞時間が減り、目に見えないムダが解消されます。
　結果として、日当たり稼働時間が減るので、サイクルタイムが短

縮されます。
これは、工数低減に結びつき利益に反映していきます。
○「製品の原価低減」改善であれば、ライン内の各工程の作業内容を組み替えて平準化することで、工程の負荷オーバーによるライン停止が減少されます。
結果として、日当たり稼働時間が減ると共に出来高が増えるので、サイクルタイムが短縮されます。
これは、工数低減に結びつき利益に反映していきます。

尚、改善対象ラインの「サイクルタイム」の現状値を把握するには、直近1カ月くらいの「生産管理板」より合計稼働時間と合計出来高（実績数）を読み取り、次式により求めます。

　　サイクルタイム＝合計稼働時間 / 合計出来高（実績数）

現場改善の実行は、「改善対象ライン」別、且つテーマ別に「改善テーマ表」を作成して、それに基づいて展開していきます。

以下、顧客創造に向けた3つの改善についての「改善テーマ表」の例を図表4-4で紹介しましょう。

改善テーマ表					承認		作成	
改善日時	年　月　日　時　～　年　月　日　時				改善基地名			
改善対象部門名					対象ライン名			
改善メンバー								
テーマ名	製品の品質向上							
目標	(個別目標)ライン末検査での品質不良率				(共通目標) サイクルタイム			
	現状値	目標値		結果値	現状値	目標値		結果値
NO	問題点(異常の抽出)				原因の追究			
	〈ポイント〉 改善対象部門の管理監督者は、日常業務の中で、ライン末検査工程で発見された品質不良を把握して、その内容(不良発生工程名と不良内容)をこの欄に記入します。				〈ポイント〉 改善対象部門の管理監督者は、日常業務の中で抽出した品質不良について、発見から時間を置かずに 現場現物で不良発生の真因を突き止めて、この欄に記入します。			

図表4-4(1)　製品の品質向上改善の例

改善テーマ表					承認		作成	
改善日時	年　月　日　時　～　年　月　日　時				改善基地名			
改善対象部門名					対象ライン名			
改善メンバー								
テーマ名	製品のリードタイム短縮							
目標	(個別目標)ライン末での 順番狂い率				(共通目標) サイクルタイム			
	現状値	目標値		結果値	現状値	目標値		結果値
NO	問題点(異常の抽出)				原因の追究			
	〈ポイント〉 改善対象部門の管理監督者は、日常業務の中で、順番狂いでライン末を通過した製品番号を把握して、その内容(製品番号と発生工程名)をこの欄に記入します。				〈ポイント〉 改善対象部門の管理監督者は、日常業務の中で抽出した順番狂いについて、発見から時間を置かずに その発生の真因を突き止めて、この欄に記入します。			

図表4-4(2)　製品のリードタイム短縮改善の例

第4章　現場改善のPDS管理

改善テーマ表					承認		作成	
改善日時	年 月 日 時～ 年 月 日 時				改善基地名			
改善対象部門名					対象ライン名			
改善メンバー								
テーマ名	製品の原価低減							
目標	(個別目標)ライン停止時間(日当たり)			(共通目標)　サイクルタイム				
	現状値	目標値	結果値	現状値		目標値	結果値	
NO	問題点(異常の抽出)				原因の追究			
	〈ポイント〉 改善対象部門の管理監督者は、日常業務の中で、ラインを停止させた工程を「アンドン」で把握して、その内容(停止工程と停止時間)をこの欄に記入します。				〈ポイント〉 改善対象部門の管理監督者は、問題点で抽出したライン停止工程について、時間を置かずに現場現物でライン停止の真因を突き止めて、この欄に記入します。			

図表4-4(3)　製品の原価低減改善の例

(3) 現場の現状把握

現場の現状把握のために、対象現場の「レイアウト図・作業のしくみ図・標準書類・基準書類・道具類」などを事前に揃えておき、実際の現場を観察しながら現状を把握します。

そして、何が正常で何が異常なのかを、理解し認識します。

(4) 改善策の研究

改善対象部門の管理監督者が日常業務の中で予め把握しておいた「問題点の抽出」と「原因の追究」から、その撲滅策と再発防止策を練ります。

その場合の教科書となるものが「第2章　顧客創造に目線を置いた現場改善の進め方」になります。

そして、

○改善に行き詰まったら現場に立って、見て、考えることです。
　○解決策を見つけるまで現場に立って見ることです。
　○必ず、現場は解決策を教えてくれます。

(5) 標準化

　改善策を、現場に反映させるために、現状の「レイアウト図・作業のしくみ図・標準書類・基準書類・道具類」などの改訂を行います。
　また、新しいしくみの為に、新たな図書類・道具類が必要な場合は、作成して現場に投入します。

④ See（照合・検証）の進め方

□工場の各部門で実践された「現場改善に対する効果」を検証します。
　　Do（実行）で、部門別・対象ライン別に設定した「顧客創造に目線を置いた3つの改善テーマ表」からそれぞれの「目標値」に対する達成度合を、その「結果値」より検証します。
　　特に、すべての改善テーマの共通目標である「サイクルタイム」の結果値を重視します。
　　その理由は、前述したとおり「サイクルタイム」と「工数低減」が密接な関係にあり、その「工数低減」が、次に述べる工場全体の「利益計画」の達成度に深く関わっているからです。

□工場全体の利益計画の達成度合は、以下の要領で検証します。
　1．基準期の実績とPlan（利益計画）とDo（実行期の実績）を併記した「比較変動損益計算書」を作成します。
　2．その計算書から、主要勘定科目の差額分析をして差額の中を工場管理可能分と工場管理不可能分に分けた「比較変動損益計算書

（差額分析用）」を作成します。
3．限界利益差額内の工場管理可能分の中に隠れている「工場従業員の人員差数から生み出された損益」と「現場改善による工数低減から生み出された損益」を明らかにします。
4．最後に、計画と実績を相互比較することで、工場責任による「利益計画の達成度合」を検証します。

以上の方法を、Plan（計画）のケーススタディーとして採用した「A工場」の例で、解説しましょう。

(1) 利益計画に対する実績を「比較変動損益計算書」で表す

基準期（当期実績）と利益計画を併記した「A工場の利益計画書」（図表4-3）に、実行期（次期実績）を付加した事例を、図表4-5の「A工場の比較変動損益計算書」で示します。

図表4-5の「A工場の比較変動損益計算書」の中を照合すると、実行期の売上高も、限界利益も、貢献利益も全て利益計画を上回っておりますので、実行期は利益計画を達成したかのように見えます。
しかし、実行期と利益計画の主要勘定科目の差額の中には、工場管理可能分（工場責任分）と工場管理不可能分（工場責任外分）の要素が混在しております。
従って、工場だけの実力で利益計画を達成したかどうかを見るには、その差額の中から工場管理可能分（工場責任分）のみを引き出して検証する必要があります。

図表4-5　A工場の比較変動損益計算書

(単位 百万円)

科目			基準期（当期実績）			利益計画			実行期（次期実績）		
売上高 （　粗利益率　）			A2	1,105 （27.55%）	100.0%	A0	1,180 （27.55%）	100.0%	A3	1,195 （29.07%）	100.0%
変動費	材料費	原材料仕入高	B2	430	38.9%	B0	0		B3	466	39.0%
		期首 原材料棚卸高	C2	230		C0	0		C3	220	
		期末 原材料棚卸高	D2	220		D0	0		D3	230	
	当期材料費合計		E2	440	39.8%	E0	465	39.4%	E3	456	38.2%
	外注費		F2	130	11.8%	F0	125	10.6%	F3	135	11.3%
	棚卸資産の変動費分 （期首－期末）		G2	-5		G0	0		G3	4	
	変動費合計		H2	565	51.1%	H0	590	50.0%	H3	595	49.8%
限界利益 (売上高-変動費)			I2	540	48.9%	I0	590	50.0%	I3	600	50.2%
個別固定費	労務費		J2	140	12.7%	J0	145	12.3%	J3	146	12.2%
	期平均の工場従業員数			（30人）			（31人）			（31人）	
	経費		K2	55	5.0%	K0	55	4.7%	K3	54	4.5%
	棚卸資産の固定費分 （期首－期末）		L2	-2		L0	0		L3	2	
	個別固定費合計		M2	193	17.5%	M0	200	16.9%	M3	202	16.9%
貢献利益 (限界利益-個別固定費)			N2	347	31.4%	N0	390	33.1%	N3	398	33.3%
共通固定費配賦額			P2	33	3.0%	-			P3	35	2.9%
売上総利益 (貢献.利益-共通固定費配賦額)			Q2	314	28.4%	-			Q3	363	30.4%
工場の労働生産性 (限界利益/工場従業員数)			V2	18.00		V2	19.03		V3	19.35	

(2) 主要勘定科目の差額を分析して「比較変動損益計算書（差額分析用）」にまとめる

　図表4-5の「A工場の比較変動損益計算書」の主要勘定科目の差額の中を、工場管理可能分と工場管理不可能分に区分した「比較変動損益計算書（差額分析用）」を作成します。

　そのために、「利益計画－基準期」と「実行期－基準期」の主要勘定

科目の差額について、以下の分析を行います。

イ）「利益計画－基準期」の主要勘定科目の差額分析をする
　○「売上高」の欄を見ると、利益計画で計画した粗利益率（27.55％）と基準期に販売した商品の粗利益率（27.55％）に、差異は無く同率です。
　従って、「利益計画－基準期の売上高の差額」の中には、「工場管理不可能分」が存在せず全てが「工場管理可能分」のみになります。

　○「変動費」と「個別固定費」についても、全てが自工場の管理下による費用のために、それらの差額の中も「工場管理不可能分」が存在せず、「工場管理可能分」のみになります。

ロ）「実行期－基準期」の主要勘定科目の差額分析をする
　○「売上高」の欄を見ると、実行期に販売した商品の粗利益率（29.07％）と基準期に販売した商品の粗利益率（27.55％）に、差異があります。
　従って、「実行期－基準期の売上高の差額」の中には、「工場管理不可能分」と「工場管理可能分」の両方が、存在します。
　よって、売上高の差額の中を、次の２つのカテゴリーに区分します。

- 「工場管理不可能分」
  $$= 「実行期－基準期の商品価格の差額」$$
  $$= \frac{（実行期の粗利益率－基準期の粗利益率）\times（実行期の売上高）}{（100－基準期の粗利益率）}$$

$$= \frac{(29.07 - 27.55) \times 1{,}195}{(100 - 27.55)}$$

≒25百万円

……となります。

- 「工場管理可能分」
 ＝（実行期－基準期の売上高の差額）－（工場管理不可能分）
 ＝（1,195－1,105）－25
 ＝65百万円

 ……となります。

○「変動費」と「個別固定費」については、イ）同様全てが自工場の管理下による費用のために、それらの差額の中も「工場管理不可能分」が存在せず、「工場管理可能分」のみになります。

上記イ）、ロ）の内容を図表4-5に付加して、図表4-6の「A工場の比較変動損益計算書（差額分析用）」にまとめます。

第4章　現場改善のPDS管理

図表4-6　A工場の比較変動損益計算書（差額分析用）

(単位 百万円)

科目			基準期 (当期実績)	利益計画	差額 (利益計画－基準期)			実行期 (次期実績)	差額 (実行期－基準期)		
					差額計	工場管理可能分(X)	工場管理不可能分		差額計	工場管理可能分(Y)	工場管理不可能分
売上高			1,105	1,180	75	75	0	1,195	90	65	25
（粗利益率）			(27.55%)	(27.55%)				(29.07%)			
変動費	材料費	原材料仕入高	430	0	0	0	0	466	36	36	0
		期首 原材料棚卸高	230	0	0	0	0	220	-10	-10	0
		期末 原材料棚卸高	220	0	0	0	0	230	10	10	0
		当期材料費合計	440	465	25	25	0	456	16	16	0
	外注費		130	125	-5	-5	0	135	5	5	0
	棚卸資産の変動費分 (期首－期末)		-5	0	5	5	0	4	9	9	0
	変動費合計		565	590	25	25	0	595	30	30	0
限界利益 (売上高-変動費)			540	590	50	50	0	600	60	35	25
個別固定費	労務費		140	145	5	5	0	146	6	6	0
	期平均の工場従業員数		(30人)	(31人)	(1人)	(1人)	(0人)	(31人)	(1人)	(1人)	(0人)
	経費		55	55	0	0	0	54	-1	-1	0
	棚卸資産の固定費分 (期首－期末)		-2	0	2	2	0	2	4	4	0
	個別固定費合計		193	200	7	7	0	202	9	9	0
貢献利益 (限界利益-個別固定費)			347	390	43	43	0	398	51	26	25
共通固定費配賦額			33	－	－	－	－	35	2	0	2
売上総利益 (貢献利益-共通固定費配賦額)			314	－	－	－	－	363	49	26	23
工場の労働生産性 (限界利益/工場従業員数)			18.00	19.03				19.35			

〈解説〉

○ 差額（利益計画－基準期）欄の中の工場管理可能分（X）は「利益計画は、基準期（当期実績）に対して、工場努力で幾らの向上を目指して計画したか」を、示しております。

○ 差額（実行期－基準期）欄の中の工場管理可能分（Y）は「実行期（次期実績）は、基準期（当期実績）から、工場努力で幾ら成長

（若しくは後退）したか」を、示しております。

(3)「工場従業員の人員差数から生み出された損益」と「現場改善による工数低減から生み出された損益」を明らかにする

　限界利益差額内の工場管理可能分の中には、「工場従業員の人員差数から生み出された損益」と、「現場改善による工数低減から生み出された損益」が隠れています。

　その隠れた「損益」を求めるには、図表4-6の中の「差額（利益計画－基準期）の工場管理可能分（X）内の限界利益」と「差額（実行期－基準期）の工場管理可能分（Y）内の限界利益」を次の手順で分解します。

1. 現場改善をしなかった場合の「想定工場従業員数」を、仮定計算によって求めます。
2. その想定工場従業員数から、実際の従業員数を差し引いて現場改善による「工数低減の換算人数」を求めます。
3. その工数低減の換算人数から、工場の労働生産性の公式を駆使して「工場従業員の人員差数から生み出された損益」と、「現場改善による工数低減から生み出された損益」を求めます。

イ）「差額（利益計画－基準期）の工場管理可能分（X）内の限界利益（50百万円）」を分解する
　○利益計画上の「想定工場従業員数」を求める
　　基準期の工場の労働生産性のままで「基準期の限界利益＋工場管理可能分（X）内の限界利益」を得ようとするならば、何人の工場従業員数が必要になるかを計算します。

$$\begin{bmatrix} 利益計画上の「想定工場従業員数」\\ =(基準期の限界利益＋工場管理可能分〈X〉内の限界利益)\\ /(基準期の工場の労働生産性)\\ =(540＋50百万円)/(18.00)≒32.78人 \end{bmatrix}$$

○ 利益計画上の「工数低減の換算人数」を求める

「想定工場従業員数」から利益計画上の工場従業員数を差し引いた数字が、現場改善による「工数低減の換算人数」になり、次式で計算します。

$$\begin{bmatrix} 利益計画上の「工数低減の換算人数」\\ =(利益計画上の想定工場従業員数)－(利益計画上の工場従業員数)\\ =32.78人－31人＝1.78人 \end{bmatrix}$$

○「(利益計画－基準期)の工場管理可能分(X)内の限界利益(50百万円)」の中にある、2つの損益を明らかにします。

$$\begin{bmatrix} ■利益計画－基準期の「工場従業員の人員差数から生み出される損益」\\ =(利益計画－基準期の工場従業員の人員差数)×(基準期の工場の労働生産性)\\ =(31人－30人)×18.00＝18百万円→利益\\ \\ ■「現場改善による工数低減から生み出される損益」\\ =(工数低減の換算人数)×(基準期の工場の労働生産性)\\ =(＋1.78人)×18.00≒32百万円→利益 \end{bmatrix}$$

○ 以上の結果を、(利益計画－基準期)の限界利益差額の内訳として、図表4-7にまとめます。

図表4-7 (利益計画－基準期)の限界利益差額の内訳

差額計	工場管理可能分(X)		工場管理不可能分
利益計画－基準期の限界利益の差額計 (590－540)百万円	利益計画－基準期の「工場従業員の人員差数から生み出される損益」 (利益計画31－基準期30)人＝＋1人	「現場改善による工数低減から生み出される損益」 (工数低減の換算人数)＝＋1.78人	利益計画－基準期の「商品価格の差額から生み出される損益」
	18 百万円	32 百万円	
50 百万円	50 百万円		0 百万円

〈解説〉

A工場の利益計画の限界利益全体としては、基準期に比較して50百万円の増益で計画しました。

その内訳は、「工場従業員数の増員効果」によって18百万円の増益で計画し、更に、「現場改善による工数低減効果」で32百万円の増益で計画しました。

ロ)「差額(実行期－基準期)の工場管理可能分(Y)内の限界利益(35百万円)」を分解する

○ 実行期の「想定工場従業員数」を求める

基準期の工場の労働生産性のままで「基準期の限界利益＋工場管理可能分(Y)内の限界利益」を得ようとするならば、何人の工場従業員数が必要になるかを計算します。

$$\begin{aligned}&\text{実行期の「想定工場従業員数」}\\&=(\text{基準期の限界利益}＋\text{工場管理可能分}\langle Y\rangle\text{内の限界利益})\\&/(\text{基準期の工場の労働生産性})\end{aligned}$$

$$= (540百万円 + 35百万円)/(18.00) = 31.94人$$

○ 実行期の「工数低減の換算人数」を求める

「想定工場従業員数」から実行期の工場従業員数を差し引いた数字が、現場改善による「工数低減の換算人数」になり、次式で計算します。

$$\text{実行期の「工数低減の換算人数」}$$
$$= (実行期の想定工場従業員数) - (実行期の工場従業員数)$$
$$= 31.94人 - 31人 = 0.94人$$

○「(実行期−基準期)の工場管理可能分(Y)内の限界利益(35百万円)」の中にある、2つの損益を明らかにします。

- 実行期−基準期の「工場従業員の人員差数から生み出された損益」
    $$= (実行期 - 基準期の工場従業員の人員差数) \times (基準期の工場の労働生産性)$$
    $$= (31人 - 30人) \times 18.00 = 18百万円 \rightarrow 利益$$

- 「現場改善による工数低減から生み出された損益」
    $$= (工数低減の換算人数) \times (基準期の工場の労働生産性)$$
    $$= (+0.94人) \times 18.00 ≒ 17百万円 \rightarrow 利益$$

○ 以上の結果を、(実行期－基準期)の限界利益差額の内訳として、図表4-8にまとめます。

図表4-8 (実行期－基準期)の限界利益差額の内訳

差額計	工場管理可能分(Y)		工場管理不可能分
実行期－基準期の限界利益の差額計 (600－540)百万円	実行期－基準期の「工場従業員の人員差数から生み出された損益」 (利益計画31－基準期30)人＝＋1人 18百万円	「現場改善による工数低減から生み出された損益」 (工数低減の換算人数)＝＋0.94人 17百万円	実行期－基準期の「商品価格の差額から生み出された損益」
60百万円	35百万円		25百万円

〈解説〉

　A工場の実行期の限界利益全体としては、基準期に比較して60百万円の増益になりました。

　その内訳は、「商品価格の粗利益率アップ」によって、25百万円の増益で加算され、「工場従業員数の増員効果」によって18百万円の増益で加算され、更に「現場改善による工数低減効果」で17百万円の増益で加算されました。

(4) 工場責任による「利益計画の達成度合」を検証する

　図表4-6「A工場の比較変動損益計算書(差額分析用)」の中の「差額(実行期－基準期)の工場管理可能分(Y)」から「差額(利益計画－基準期)の工場管理可能分(X)」を差し引いた値(Y－X)が、工場責任による利益計画の達成度になります(図表4-9を参照)。

　結果が、プラスの場合は計画達成で、マイナスの場合は計画未達成です。

　尚、限界利益については、前項で明らかにした「工場従業員の人員差数から生み出された損益」と、「現場改善による工数低減から生み出さ

れた損益」に分けて、表中に組み入れます。

図表4-9　工場責任による利益計画の達成度合

		差額 利益計画-基準期 「工場管理可能分」 （X）	差額 実行期-基準期 「工場管理可能分」 （Y）	工場責任による 利益計画の 達成度 （Y－X）
	売上高	75 百万円	65 百万円	－10 百万円 （計画未達成）
限界利益	「工場従業員の人員差数から生み出された損益」	18 百万円 （人員差＋1人）	18 百万円 （人員差＋1人）	0 百万円 （計画達成）
	「現場改善による工数低減から生み出された損益」	32 百万円 （工数低減1.78人）	17 百万円 （工数低減0.94人）	－15 百万円 （計画未達成）
	限界利益計	50 百万円	35 百万円	－15 百万円 （計画未達成）
	貢献利益	43 百万円	26 百万円	－17 百万円 （計画未達成）

〈検証結果〉

　図表4-9で示されているように、工場責任による利益計画の達成度は、売上高、限界利益、貢献利益ともに（Y－X）＜0（マイナス）で、計画未達成でした。

　その主な原因は、「工場管理可能分による売上高」の不足と、「現場改善による工数低減」の不足にあり、

- 「工場管理可能分による売上高」については、基準期よりも65百万円の増収でしたが、利益計画に対しては10百万円の減収で未達成でした。
- 「現場改善による工数低減から生み出された損益」については、基準期よりも17百万円の増益で貢献しましたが、利益計画に対しては15百万円の減益で未達成でした。

あとがき

　本書は、経営環境がどのように変化しようとも、企業が生き残っていくには、どうあるべきかを常に念頭に置いて執筆しました。
　中でも、多くのページを占めている第2章「顧客創造に目線を置いた現場改善の進め方」は、トヨタ生産方式をベースにした新生産方式を研究するグループの「NPS研究会」によって教えられた指導内容を、礎にしてまとめました。
　NPS研究会は、「**人間性尊重**」を基本理念に、「**あらゆる無駄を排除することによって経営効率の向上を図ること**」を基本思想とし、資本や取引関係の枠組みを超え、「**モノづくり**」を行う一業種一社で構成された業際集団です。
　私が入会していた当時の「NPS研究会」は、最高顧問に大野耐一氏[注1]、理事長に木下幹彌氏[注2]、実践委員長に鈴村喜久男氏[注3]を中心に、複数の実践委員からなる指導集団と、各企業から選抜されたメンバー集団によって組織されたグループでした。
　特に、鈴村委員長からの指導が際立っており、大変に厳しいものでした。

[注1]　大野耐一（1912－1990）
　　　「トヨタ生産方式」の生みの親、略歴は本文で紹介済み。

[注2]　木下幹彌（1929－　）
　　　ウシオ電機㈱代表取締役社長を経て、1982年NPS研究会の運営母体である㈱エム・アイ・ピー代表取締役社長、2013年より同社の取締役会長。

[注3]　鈴村喜久男（1927－1999）
　　　大野耐一氏の第一の弟子で、トヨタに「トヨタ生産方式」を定着させた第一人者である。1948年トヨタ自動車工業㈱入社。1969年同社・生産管理部生産調査室主査。1982年NPS研究会に参画（実践委員長）。

鈴村委員長が、私の勤務している工場に直接指導に来られた際のエピソードの中から、一部を紹介しましょう。

　□某月某日
　　鈴村委員長は、ある製品在庫の一つの製品を指差し「この製品は、何の権利があって、ここにあるのか？」と質問され、指導を受けるため随行していた社長はじめ工場の幹部員達は、誰も答えられませんでした。
　　すると、鈴村委員長は、烈火のごとく怒り出し「正常と異常を見えるようにせよ！」と強く言って帰られました。
　　その後、工場にある仕掛在庫と製品在庫の全ての製品に対して「正常と異常の区分シール」を貼って次回の指導を受けました。
　　すると、鈴村委員長は、「異常が判ったら、なぜ早く正常に戻さんのか！」と、また怒りました。

　□某月某日
　　ラインとライン間にあるバッファー製品を見て「何故こんなにバッファー製品数が多いのか？　安心賃を増やしてどうする。もっと少なくせよ！」と強く言って帰られました。
　　その後、ラインとライン間のバッファー製品数をゼロに近い状態に減らして「今度は褒められるぞ」と期待して次回の指導を受けました。
　　すると、鈴村委員長は、「何故こんなにバッファー製品数が少ないのか？　こんなにピーンと張った状態では生産の流れがスムーズにゆく筈がない！」と、また怒りました。

　……等々ですが、今から思えば怒られて当然のことを、当時は大真面目にやっていたものだと、汗顔の至りです。

以上のような教訓を意識して書いていた折しも、2018年6月29日の参院本会議で「働き方改革関連法案」が可決・成立しました。
　現在の日本は、「少子高齢化に伴う生産年齢人口の減少」や「育児や介護と仕事の両立など、働き方のニーズの多様化」などの状況に直面しております。
　「働き方改革」とは、一口で言えば少子高齢化が進む中でも「個々人の事情に応じ、多様な働き方が選択でき、国民誰しもが活躍できる社会を実現するための改革」と言われております。
　「働き方改革」の実現に向けた、厚生労働省の取り組みの中に「長時間労働の是正」や「賃金引き上げ・労働生産性向上」等が入っております。
　期せずして、工場の「労働生産性向上」ついて、本書の第3章「現場改善と損益との関係」と第4章「現場改善のPDS管理」の中で取り上げ、詳しく解説しております。

　我が国が直面している課題に、少しでもお役に立てれば大変に幸いです。

　最後に、本書は、「NPS研究会」のご指導がなかったならば生まれなかったと思います。
　ここに特記して、心より感謝申し上げます。
　また、本書の制作、出版を担当して下さった東京図書出版の編集室の方々の労に厚くお礼申し上げます。

樽　　守人

塙　守人（はなわ　もりと）

1941年	朝鮮に生まれる（終戦後、日本に引き揚げる）
1964年	岩手大学工学部機械工学科卒業
同　年	交通会社へ入社
1967年	電気機器メーカーに入社
1983年	トヨタ生産方式をベースにした新生産方式を研究するグループ（NPS研究会）に入会し、工場の現場改善に取り組む（15年間）
1989年	電気機器メーカーの取締役に就任
2001年	電気機器メーカーを定年退社
同　年	経営コンサルタント事務所を設立し、各社の製造現場の改善指導に携わる
2017年	経営コンサルタント事務所を閉所し、現在に至る

「トヨタ生産方式」に学ぶ現場改善と損益管理

2019年2月15日　初版第1刷発行

著　者　塙　守人
発行者　中田　典昭
発行所　東京図書出版
発売元　株式会社 リフレ出版
　　　　〒113-0021　東京都文京区本駒込3-10-4
　　　　電話 (03)3823-9171　FAX 0120-41-8080
印　刷　株式会社 ブレイン

© Morito Hanawa
ISBN978-4-86641-203-0 C3034
Printed in Japan 2019
落丁・乱丁はお取替えいたします。

ご意見、ご感想をお寄せ下さい。

[宛先]　〒113-0021　東京都文京区本駒込3-10-4
　　　　東京図書出版